'94

# PAUL VERLAINE

# Sagesse
# Amour Bonheur

*Édition présentée, établie*
*et annotée par*
*Jacques-Henry Bornecque*
Professeur à l'Université de Paris Nord

**GALLIMARD**

© Éditions Gallimard, 1975,
pour la préface et l'annotation.

# PRÉFACE

Sagesse, amour, bonheur : *trois titres, trois mots fées qui se veulent des mots clés. Ils se suivent chronologiquement juste dans l'ordre psychologique et moral le plus satisfaisant, l'état dernier semblant venir récompenser et couronner les deux vertus complémentaires qui le précèdent.*

*Quand, à l'arrière-automne de 1880, des critiques professionnels, des confrères en poésie et d'anciens amis de Verlaine reçurent un volume de vers intitulé* Sagesse, *certains le rejetèrent cependant à peine entrouvert, car cette singulière bondieuserie était l'élucubration d'un revenant suspect. Ce titre dérisoire abritait quoi ? — L'œuvre d'un homme taré qui, emprisonné pour un délit passionnel très particulier après s'être affiché jadis avec une gouape inquiétante nommée Rimbaud, avait été mis fort justement au ban de la société, et ne devait chercher qu'à se faire oublier...*

*D'autres, en feuilletant le recueil, furent évidemment déconcertés par une inspiration qui paraissait à la fois hétéroclite et obsolète : le bréviaire intéressant, c'était* Les Soirées de Médan, *et la nouvelle idole de 1880, la* Nana *d'Émile Zola. La chair était à la mode, point l'âme. L'auteur ignorait-il donc que la croyance au mystère constituait une arriération heureusement améliorée de jour en jour par la Science ?*

*A vrai dire, le sentiment qui semble au contraire l'avoir emporté chez les lecteurs professionnels, c'est une espèce de*

*stupeur agacée. Verlaine bondit quand il lut un des rares articles :
celui de Jules Claretie. Dans une lettre importante et trop peu
connue, il tint à s'en expliquer aussitôt avec lui.* Pourquoi
traiter d'*excentricité* la publication de poésies qui traduisent
aussi sincèrement que possible l'état actuel de mon
esprit ? (...) A parler généralement, quoi d'étonnant qu'un
homme revienne à la foi de son enfance ? (...) Sérieu-
sement, relisez, quand vous en aurez le temps, le livre
*Sagesse*, et j'ai confiance qu'en dehors de toute question
d'opinion et de doctrine, vous y trouverez tout au
moins un effort nouveau et une grande conscience litté-
raire et quelque nouveauté dans les rythmes et les
coupes.

*Voici maintenant qu'un vieux camarade comme Lepelletier,
ami serviable, mais athée paisible, faisait chorus, et même
renchérissait, lui qui était pourtant au fait de tout ! Treize
ans plus tard, Verlaine en tremblait encore d'indignation :*
... Je lui en voudrai toujours, en toute mansuétude chré-
tienne toutefois (et je me moque de ce qu'il blague
ma « phraséologie cléricale »), d'avoir dit et imprimé
que *Sagesse* était de la *fumisterie*. D'autant plus qu'il sait
où et quand ce livre, où j'ai essayé de mettre toute mon
âme et que la totalité des compétents a considéré comme
tel, fut pleuré, souffert ! Pour une monstruosité, c'en
est une, et je l'en charge sans rancune, mais sans
pitié !

*D'autres camarades de lettres, enfin, — et pas seulement
Anatole France qui, en 1876, avait fait refuser avec une appré-
ciation outrageante : « Non, l'auteur est indigne, et les vers
sont des plus mauvais qu'on ait vus », le timide envoi de Verlaine
au troisième* Parnasse contemporain *(envoi qui contenait,
entre autres, l'admirable sonnet de Sagesse : « Beauté des
femmes... »), — considérèrent cette attestation de « fières convic-
tions religieuses et monarchiques » — convictions « réaction-
naires » brandies dans plusieurs poèmes* (I, XI-XIV) — *comme
un reniement provocant de la double profession de foi faite
naguère à l'idéal artistique du Parnasse et à l'idéalisme socia-
liste du progrès humain. A ceux-là, ce « redébut ès littérature*

*française » (pour me servir d'une expression de Verlaine)
apparaissait comme une mauvaise action doctrinale.*

*Météore mystique ? Itinéraire vers la vie bienheureuse d'un
pèlerin fraternel qui est passé par la mer des Sargasses ? Non !
aucun sentiment d'insolite, sinon d'espèce inférieure, ne semble
avoir effleuré les premiers lecteurs bénévoles, même les plus
grands.*

*Le maître du mystère lui-même, Stéphane Mallarmé, ne vit
d'abord dans* Sagesse *ni une petite révolution, ni même une
évolution, mais plutôt une régression :* Voilà un livre qu'il
est beau que vous ayez fait, comme on aime les blancs
rideaux d'un dortoir où circulent des songes neufs, sim-
ples, et parfaits. Mais n'était votre préface que je trouve
monstrueusement exquise, il ne faut point oublier, vous
pas plus qu'un autre, le Verlaine d'autrefois que nous
chérissons : mon cher, les *Fêtes galantes* sont un éternel
bijou!... Vous savez-vous bien par cœur? Je veux dire
non les livres anciens, mais le poète futur que vous
continuerez à porter, hein? J'en doute, je crois que vous
rognez un peu à plaisir les plumes de votre imagination,
à qui il suffit, après tout, d'avoir des plumes pour être
un ange, sous quelques cieux que ce soit... *Ainsi, par
les uns Verlaine ne fut pas lu ; par d'autres il ne fut pas cru.
Il ne pouvait donc être* compris.

*Il faudra attendre le frisson de curiosité suscité quatre ans
plus tard par l'*A Rebours *de Huysmans pour que de jeunes
écrivains tels que Maurice Barrès, Jean Moréas et Laurent
Tailhade (Léon Bloy devait suivre un peu plus tard, et André
Gide qui me le raconta un jour avec un humour cynique) partent
comme vers une Toison d'or à la recherche des exemplaires
déjà enterrés dans ses caves par le sournois libraire Palmé.
Barrès le rappelait en 1890 à Verlaine. Qu'il fallait « long-
temps harceler » les commis, puis le maître lui-même pour qu'il
consentît à faire chercher « cette merveille invendue » !*

*Encore un an : la publication de* Jadis et Naguère *provoque
cette fois une onde de choc en retour ; puis, en 1888, l'étude
intelligente et affectueuse de Charles Morice intronise le poète*

*auquel est pour la première fois consacré un livre. Enfin,
l'année suivante, la réédition de* Sagesse *par l'éditeur attitré
des symbolistes permet toutes les approches et attise toutes
les ferveurs. L'on peut être ravi, ou demeurer étonné. Mais l'on
a découvert, enfin,* Sagesse.

*Après tout, que des lecteurs de la première heure, même
au-dessus des préventions ou des préjugés, aient pu considérer
avec une surprise réticente cette œuvre complexe et multiforme,
tour à tour tendre et sauvage, à la fois pure et brûlante ; que
nous, au contraire, l'ouvrions avec la conviction dominante que
c'est un beau livre, d'un seul jet pour l'âme, peut s'expliquer
aisément : pour la plupart des lecteurs d'aujourd'hui, éperonnés
par leurs manuels de littérature,* Sagesse — *même et surtout
mal connu — a maintenant pignon sur la sympathie admirative.*
*Il faut pourtant aller plus loin et convenir qu'en présence
d'une inspiration aussi riche, mais parfois également torren-
tueuse et inégale (la remarque s'applique bien entendu avec plus
d'acuité encore à* Amour *et* Bonheur*) ; emporté par cette
suite de cantiques, d'effusions et de conseils raisonnés ; confronté
avec ces nostalgies sentimentales alternant avec des oratorios de
haute mystique, l'on traverse des éclairages et des altitudes
fort différents.*
*Ce n'est ni seulement ni toujours la densité et l'élan qui
frappent : ce filet aux mailles lumineuses qui s'abat sur le
lecteur comme pour lui rappeler que le Christ voulait non seu-
lement être pêcheur d'hommes, mais en créer... Cette « suite »
poétique, au moment de vous lasser, vous reprend subitement au
jeu des mécanismes psychologiques ou des grandes orgues du
cœur. Parfois les harmoniques et les supplications de l'âme s'y
concertent avec une telle exaltation, s'y engagent avec une telle
maîtrise que leur empire est total. Par contre, l'esprit attentif
ne peut s'empêcher de remarquer çà et là, soudain, des contrastes
ou des ruptures de ton énigmatiques au premier abord, des
hymnes qui semblent s'adresser à l'ivresse de sentir plus qu'à
la sagesse ou à l'ascèse ; un art complaisant à la virtuosité dans
l'expression de sentiments simples et fondamentaux.*

Une première hypothèque est à lever, celle de la sincérité, ou du moins de « l'authenticité » de la conversion de Verlaine, et, en conséquence, de la qualité profonde sinon des chants sublimement autoritaires écrits sous l'empire immédiat de son bouleversement, du moins des poèmes conçus plus tard dans cette ligne.

Par sa nature, c'est évidemment le type du problème impossible à forcer dans l'intimité de la conscience dès lors que, comme cela est advenu, l'on se refuse à en croire l'intéréssé lui-même. C'est cependant un problème qu'il faut affronter à neuf, puisqu'il a été posé par d'autres. Dans le cas particulier de Verlaine, il s'agit d'une question psychologique passionnante qui peut se résoudre avec de vives chances de vraisemblance et de rajeunissement, à condition d'éclairer diligemment les tendances innées de Verlaine et la pente de son destin.

Sa personnalité d'antan, il l'a qualifiée dans « Un Conte » d'Amour avec assez d'humilité sévère pour qu'on puisse l'en croire :

Un cœur à tous vents, vraiment mais vilement sincère.

Puis, à douze ans de distance, il a répété qu'en lui l'homme bouleversé faisait corps avec le poète qui enregistrait ce bouleversement. « C'est absolument senti, je t'assure », criait-il de sa prison, le 8 septembre 1874 à son ami Lepelletier en lui adressant le Final primitif de Sagesse : « Jésus m'a dit : " Mon fils, il faut m'aimer... " » En 1886, il écrira semblablement à Léo d'Orfer : « J'ai vécu Sagesse en même temps que je l'écrivais. » Cependant, Verlaine ne se reconnaissait-il pas en revanche comme fondamentalement double ? Cette « conversion » envahissante n'aurait-elle donc été en définitive qu'un épiphénomène circonstanciel, une crise exploitée ensuite avec zèle par l'homme de lettres ? Un élan soudain, mais presque aussi bref dans le ciel intérieur qu'un éclair de chaleur ?

Ceux qui, de tout cœur, viennent à Sagesse pour la première fois ne se poseront certes pas d'emblée une question dont la réponse leur semble aller de soi. Dieu a dit à Verlaine : « Mon fils, il faut m'aimer... » Verlaine dit à son lecteur :

« *Mon frère, il faut me croire !* » *Quelle raison de s'y refuser ? Mais, un jour ou l'autre, ils tomberont sur ce jugement qu'en proie à l'une de ses humeurs dénigrantes, Paul Claudel — une autorité ! — assena soudain à André Gide en lui déclarant qu'* « *il n'a jamais beaucoup aimé Sagesse, où la jonglerie de Verlaine reste toujours apparente et gâte les pièces même les mieux venues* ». *Un autre jour, avides de mieux connaître Verlaine, ils rencontreront ces vers de jeunesse écrits à peu d'intervalle, difficiles à concilier, et dont le second surtout les rendra peut-être perplexes :*

Le poète est un fou perdu dans l'aventure...
... Nous qui faisons des vers émus très froidement...

*Alors, relisant Verlaine et ne sachant à quel Verlaine se fier ; se demandant en vain où est la vérité psychologique et où le masque ; cherchant dans quelle mesure les extraordinaires variations sismographiques de Sagesse sont une feuille de température spirituelle ou sa reconstitution par l'imagination et le mimétisme poétique au service du sacré — un malaise s'emparera d'eux qui peut aller jusqu'au rejet psychologique, une fois infiltrée l'impression décevante que cela sonne peut-être faux quelquefois, mais que l'on ne sait même pas quand, et que l'œuvre où l'on sentait avec bonheur un élan prolongé du cœur et de l'âme représente surtout, d'aventure, la réussite d'une admirable gymnastique mentale.*

*A ces questions, à ces doutes, une réponse nuancée s'impose finalement, qui rassurera les passionnés de la sincérité du cœur tout en laissant en paix les tenants de la souveraineté de l'imagination créatrice : la sincérité et l'esthétique se sont relayées dans Sagesse. Œuvre d'âme préparée dans l'ombre par les aventures d'une âme, puis vécue totalement avec le concours des sens, du cœur, et de la méditation poétique sur leurs transformations, Sagesse est à la fois un jaillissement et un acquis.*

*Le* « *J'ai pleuré et j'ai cru...* » *de Chateaubriand laisse parfois rêveur. Il est concevable de ne croire à la vérité sur-*

*naturelle de la « conversion » de Verlaine que sous bénéfice d'inventaire. L'ami Lepelletier, chef de file des agnostiques, avance pour l'expliquer et la limiter l'état de réceptivité, fait tantôt d'hébétude et tantôt d'hypersensibilité, auquel Verlaine se trouvait réduit au fond de sa prison, comme dans un petit enfer psychologique : seul dans une cellule vingt-trois heures sur vingt-quatre, privé à la fois d'espoir et des divers adjuvants d'évasion auxquels l'homme peut recourir. Point de journaux, très peu de courrier ; aucun recours possible à cette eau de vie*

> qui porte la lune
> dans son tablier...

*Seul, abandonné par son idéal hermaphrodite : Rimbaud ; renié par sa compagne de vie sociale qui est aussi — l'on y songe soudain... — la mère d'un fils de trois ans, d'un petit Georges que l'on n'a presque pas connu, et que l'on n'a guère de chance de connaître jamais davantage. Seul en face du Crucifix réglementairement accroché au mur de la cellule et vers lequel le regard du solitaire revient machinalement, puisqu'il est à la fois le seul Être, et le seul objet qui ne soit pas d'une utilité matérielle immédiate et sordide.*

*Admettons que ce tableau n'ait point été poussé au noir, et, malgré l'allusion encore frémissante d'« Un Conte » :*

Cellules ! Prisons humanitaires ! Il faut taire
Votre horreur fadasse et ce progrès d'hypocrisie...

*ne voyons dans la fresque un peu ironiquement idyllique qu'une fois hors des murs le poète Verlaine tracera de sa prison, « le meilleur des châteaux », qu'idéalisation par réversibilité et peur de la vie. Il faut cependant remarquer que le détenu Verlaine est « à la pistole », ce qui suppose au moins quelques douceurs alimentaires. Il recourt à la bibliothèque de la prison ; il continue à concevoir des vers, lit Shakespeare dans le texte ; il s'essaie même à traduire des contes anglais.*

*Qu'importe ! Il est seul, et désespéré. Soit. Où a-t-on vu*

cependant que le recours à Dieu, que la défection dans l'irra-
tionnel représentent les seuls antidotes à l'extrême poison
du désespoir? Acculé, un romantique pur se tuera tout simple-
ment. S'il s'agit d'un matérialiste convaincu, d'un doctrinaire
politique, ou même, sur un autre plan, d'un scientiste idéaliste,
ira-t-on soutenir que dans les mêmes circonstances, et dans le
même état de réceptivité, devant le même visage obsesseur et
vide du Christ, ils se convertiraient au lieu de se raccrocher
plus fort que jamais à l'avenir terrestre de leurs convictions,
soutenus par leur idéal, leurs recherches, ou leur mépris?

La Grâce divine, si bien entendu l'on admet, comme Verlaine
lui-même, qu'elle existe en puissance au profond de chacun, et
qu'elle peut surgir souveraine pour chacun; la Grâce, telle que
Verlaine l'a authentifiée avec ferveur dans le dernier vers
du poème sur sa prison, « Écrit en 1875 », que je viens d'évo-
quer :

Et soit aimé l'Auteur de la Grâce, à jamais!

n'est que la régénération mystérieuse des éléments humains
en jachère. « Tout coopère au bien, même les péchés », selon
une pieuse maxime familière à Paul Claudel, qui s'y connais-
sait... Dieu utilise ce qu'Il trouve. Que trouvait-Il dans l'âme
vacante de ce singulier prisonnier?

Verlaine s'était cru un temps matérialiste; il le cria
quelquefois, par bravade ou par contagion. En réalité, sous
une mince écorce positiviste, il fut toujours, dans l'ordre du
sentiment, un romantique qui désire passionnément forcer
toutes les portes du possible, et par essence, un être qui cherche
confusément une vie mystérieuse sous l'écorce de la matière,
c'est-à-dire le contraire d'un matérialiste au sens propre du
terme.

Le poëte est un fou perdu dans l'aventure
. . . . . . . . . . . . . . . . . . . . . . . . . . . . . . .
Extasié le jour, halluciné la nuit
Ou, réciproquement, jusqu'à ce qu'il en meure!

*écrit-il dès sa dix-neuvième année. Quelle impulsion fonda-*
*mentale l'entraîne ? — Les élans successifs et jamais las*
*de son cœur. Il le crie tout au long du poème IV de* Sagesse.
*Il le confesse dans* Amour :

J'ai la fureur d'aimer. Mon cœur si faible est fou.

*Fidèle à sa jeunesse qui célébrait en Don Quichotte le double*
*symbole de l'idéal et de la poésie, il sait trop bien que, vienne*
*un nouvel espoir ou son illusion :*

Il embarque aussitôt pour l'île des Chimères.

*C'est qu'au profond du sentiment d'ennui (que de fois le*
*mot revient !) et d'irréalité qui lui fera soudain jeter, dans la*
*même pièce d'*Amour :

Ah ses morts ! Ah ses morts, mais il est plus mort qu'eux !

*il sait trop bien que le rêve d'un rêve ou tout amour qui l'incarne*
*sont pour lui les seules terres promises, et point tenues... Le*
*mot :* nostalgie *a été fait pour ses pareils.*
   *Dès son enfance, il pressent l'extase urgente de communier*
*avec* autre chose. *Ardennais ardent, il évoquera dans les*
*« Paysages » d'*Amour *le « pays de mon père » en des termes*
*qui en font un lieu d'enchantements, le pays de contes de fées*
*tout proche que verrait une âme pour qui tout est vie secrète,*
*fût-ce le plus humble étang, le crépuscule le plus fermé, car,*
*à l'égal de chaque être rêvé, tout état de l'espace ou de l'heure*
*peut devenir un instrument d'envoûtement, — hélas, fugace*
*par son existence même. Par une étrange illumination, c'est*
*seulement au printemps de 1885, en cheminant sur une grand-*
*route, qu'il traduira soudain dans l'un des plus beaux poèmes*
*d'*Amour *ce sentiment vague et poignant, inné chez lui, d'une*
*féerie réellement, mais fragilement, inscrite dans le paysage*
*le plus familier :*

La Belle au bois dormait. Cendrillon sommeillait...
... L'Oiseau couleur-de-temps planait dans l'air léger...
.............................................Et la bonté
Du paysage au cœur disait : Meurs ou demeure!

*Comment faire* demeurer *ensemble l'oiseau bleu dans le cœur et le cœur dans le paysage, alors que leur vocation est de passer, et chacun à son rythme ? Dès quelques-uns de ses* Poèmes saturniens, *une intuition a soufflé à Verlaine une solution poétique peu à peu précisée, qui est d'endormir la durée en inscrivant une incroyable densité dans la profondeur d'un petit espace ; d'instaurer une sorte de réversibilité nouvelle entre la fuite des images en elles-mêmes et la permanence du mystère au cœur des choses.*

*Le même Poète-Enfant, en plein pays minier, a vu aux côtés des* forges rouges *de Charleroi les Kobolds mener tout naturellement leur vie dans l'herbe noire ; — la même herbe sous laquelle le même éternel Enfant magicien entend auprès de Rimbaud le lamento d'une âme éparse évoqué dans une autre « ariette oubliée » ; la même herbe encore, quatre ans plus tard, après la prison et le bouleversement d'une âme, sous laquelle Verlaine se voit dans* Amour *blotti comme son passé vivant*

Solitaire et caché, — comme, tapi sous l'herbe,
Tout ce passé dormant aux pieds du bois superbe...

*Le même « œil double », symbole d'une âme et d'un cœur « en délires », n'a bientôt plus cessé de voir comme en une transe consciente le dessous fabuleux des choses, qui est leur vérité. Si, dans son « Art poétique » (écrit en prison, avant la conversion), il recommande à son lecteur ami de ne pas*

**Choisir tes mots sans quelque méprise**

*et vante*

> . . . . . . . . . . . . .la chanson grise
> Où l'Indécis au Précis se joint

*c'est par réfraction dans l'imaginaire de l'atmosphère rêveusement indécise qu'il préfère, et qu'il décrira dans le « Bournemouth » d'Amour.*

*Enfant de cette brume si précisément invoquée dès les Poèmes saturniens, et dont l'évocation au milieu même de l'apparence du plus clair bonheur revient si souvent comme un autre mot obsesseur, c'est un captif volontaire du rêve et de sa lumière frisante. Dans son œuvre, les mots âme, rêve, et brume se côtoient naturellement, et s'appellent de plus en plus fort comme des oiseaux migrateurs.*

*Bien plus : dès les Poèmes saturniens, le deuxième des « paysages tristes », placé avant « Promenade sentimentale », s'intitule « Crépuscule du soir mystique ». Poème raillé depuis toujours comme un casse-tête faute d'une attention pourtant logique à l'épithète mystique expressément posée comme une étoile sur ce crépuscule. Poème révolutionnaire dont j'ai été jadis le premier à montrer qu'il représentait dès la jeunesse une extraordinaire tentative d'application à la poésie d'une grande œuvre mystique : Le Château intérieur, ou les demeures de l'âme, conçue pour essayer d'éclairer l'état de ravissement de tout l'être vers Dieu, et en Lui.*

*Par qui écrite ? Par cette même sainte Thérèse d'Avila qui, après l'Évangile et l'Imitation de Jésus-Christ, figure avec saint Thomas d'Aquin au premier rang des intercesseurs verlainiens dans la flambée de sa conversion, et sous l'invocation de laquelle il écrira l'un des deux poèmes ajoutés à la deuxième édition de Sagesse, en 1889.*

*Croyons-en donc le rationaliste invétéré qu'est Lepelletier quand il mentionne avec un étonnement ironique que son ami adolescent « avait déniché, on ne sait où, une Vie de sainte Thérèse qu'il lisait avec un ravissement que j'étais loin de partager ».*

*Cependant, plus vives sont les forces de nostalgie et les tendances à la distorsion psychologique, mieux elles favorisent la création aux dépens du créateur... Verlaine invente d'admirables pièges à éternité ; mais le bonheur ne s'y laisse prendre que le temps d'écrire et de se relire. En concevant le monde enchanté des* Fêtes galantes, *il avait tenté de créer des êtres animés de pouvoirs magiques pour le bonheur, et d'opérer ainsi un transfert de destinée, une espèce de transfusion de grâce entre ses créatures heureuses dans leur insouciance et leur créateur insatisfait ; mais, par un phénomène psychologique analogue à celui du* choc en *retour en* magie, *il se retrouve frappé par sa conjuration même. L'amour voulu éphémère et sans dard sur la terre s'est transformé en un amour atrocement éphémère dans l'éternité.*

*Vienne maintenant l'échec de la vie dite « normale » avec l'épouse, qui n'est constamment qu'*une seule *créature, et une créature assez médiocre. Rimbaud, débarqué de sa province, semble atterrir comme l'habitant miraculeux d'une* autre *planète. En lui, l'homosexuel romantique que demeure Verlaine — à l'égal de Louis II de Bavière, le roi-cygne, au suicide vengeur duquel il dédiera un sonnet d'*Amour *— croit et veut avoir trouvé une unité et une totalité. Rimbaud incarne à la fois un amant et un copain, un voyant prophétique et un guide journalier.*

*Or Rimbaud est essentiellement un mystique. Un mystique hétérodoxe, certes, car c'est dès ici-bas, et pour ici-bas, qu'il cherche à forcer les portes de la perception. Son don d'extase visuelle n'a d'autre fin et d'autre bonheur, par réversibilité, que la création poétique : mais c'est précisément parce que, comme les mystiques, la vie dite réelle lui apparaît incomplète et décevante, et qu'il est perpétuellement en quête d'*autres *vies. Toute son œuvre non engagée crie ce que Proust formulera : « La vraie vie est ailleurs... » et tend à rejoindre cet ailleurs.*

*Quel maître mot monte obstinément à sa bouche et revient sous sa plume ? — L'âme. Même comme moteur de la langue nouvelle qu'il invente peu à peu, et qui sera « de l'âme pour l'âme ». A plus forte raison dans la trame de sa vision essen-*

*tialiste du monde. De même qu'il voit tout naturellement des anges sur la pente du talus, il intitule* Une saison en enfer *le manuel magique de psychothérapie où, soudain acharné à désacraliser par l'analyse les images traditionnelles de Jésus-Christ, du paradis et de l'enfer, il vit par là même à leur ombre tenace.*

*Quant à Verlaine qui, à la lettre, adore Rimbaud, il ne jouit pas de leurs étreintes les plus férocement sensuelles sans y convoquer l'âme ; il n'envisage pas leur amour sans son éternité. Le bouleversant poème « Vers pour être calomnié » qu'il avait d'abord destiné à* Sagesse *est un hymne mystique au plus pur amour, et un appel pathétique à l'amour plus fort que la mort :*

Vite, éveille-toi ! Dis, l'âme est immortelle ?

*Le sonnet inverti « Le bon disciple »* (Parallèlement) *qui fut saisi dans le portefeuille de Verlaine après le coup de revolver, et qui horrifia le juge, transcrit les étapes du spasme sexuel en termes d'extase et d'effroi mystique qui représentent à la fois une référence sacrilège et une révérence intime au sacré :*

Je suis élu, je suis damné !
Un grand souffle inconnu m'entoure !
Ô terreur ! Parce, Domine !

*Pour Verlaine, Rimbaud est plus qu'un homme : il se manifeste et domine ensemble sous deux espèces également fascinantes : celle du plus beau des mauvais anges et du plus extraordinaire messie humain. Il parle d'ailleurs à Verlaine à la manière d'un messie ; ainsi, quand il l'aura quitté en alléguant la nécessité d'aller maintenant aider d'autres âmes, Verlaine, la rage passée, ne pourra ni lui en vouloir, ni l'oublier, ni amoindrir en lui le prestige dont les stigmates l'ont frappé.*

*Aussi, passé le premier désarroi ; dépassé provisoirement le mauvais rêve insolite de la transplantation soudaine dans*

*l'étroitesse d'une prison après le vagabondage et la vertigineuse*
*liberté au grand soleil, c'est pour Rimbaud, afin de continuer à*
*vivre en pensée avec lui, que Verlaine se plonge, très vite,*
*dans de grands poèmes d'un manichéisme mystique qu'il différera*
*de publier jusqu'à* Jadis et Naguère. *Ce sont des récits*
*« diaboliques » parce que leur auteur, toujours soumis à une*
*présence intérieure, est évidemment au fait de la tonalité, sinon*
*du titre du recueil préparé par Rimbaud :* une saison en enfer.

*Le héros du premier poème écrit, « Crimen amoris », est*
*d'ailleurs ouvertement Rimbaud, et celui-ci dut le connaître*
*assez tôt et en être flatté, car j'en ai vu une version copiée*
*de sa main... Cependant le poème se termine par une défaite*
*théâtrale de l'enfer, et sa dernière strophe paraît, rétrospecti-*
*vement, prophétique :*

> Et tout cela comme un cœur et comme une âme,
> Et comme un verbe, et d'un amour virginal,
> Adore, s'ouvre en une extase et réclame
> Le Dieu clément qui nous gardera du mal.

*Rétrospectivement, parce que l'on ne peut décider si le poète*
*a recherché un effet de contraste appelé par l'évolution du*
*thème et des images, ou si, en croyant ne le vouloir que comme*
*artiste, il ne rumine pas déjà, une nouvelle fois, ce spiritualisme*
*vague qui le lancine brusquement, puis qu'il rejette.*

*Cependant, le deuxième poème « diabolique » (qui porte*
*un titre ambivalent : « La grâce ») n'est plus seulement*
*légende symbolique : Verlaine, en prison préventive, et qui*
*croit encore en sa libération, y trahit un idéal et une chimérique*
*nostalgie sentimentale qui tiennent cependant étroitement à*
*l'insertion du spirituel dans le temporel :*

> Les âmes, elles n'ont qu'elles-mêmes pour but !
> L'Enfer, pour elles, c'est que leur amour mourût,
> Et leur amour de son essence est immortelle !

*Sevré d'amour tangible, il le reconstitue par l'imagination,*
*et l'épigraphe suppliante tirée des* Complies *que portait*

*primitivement « La grâce » convainc que ce poème est un
rêve sexuel dirigé où l'exaltation de l'âme entraîne l'évasion
heureuse du corps :*

> On est les cieux, on est la terre, enfin on cesse
> De vivre et de sentir pour s'aimer *au-delà*,
> Et c'est l'éternité que je t'offre : prends-la !

*Comme une offrande initiatique, voici le mot de passe
capital prononcé ; celui qui entrouvre les portes de l'essentiel :
l'éternité.*

*L'éternité ? Offerte, elle n'est cependant ni conquise ni
acquise pour autant par celui qui la rêve dans le passé. Il faudra
que l'homme, soutenu par le poète, essaie d'abord, et successive-
ment, après des alchimies incomplètes et des rêves d'Icare, ces
prédestinations que Dieu, maître du temps et de l'espace
intérieur, ménage à ceux qui ont enfin accepté de l'élire et de
l'aimer.*

Mais je ne veux d'abord que pouvoir que tu m'aimes

*dit le Christ dans le dialogue sublime où brûle le feu central de
Sagesse.*

*Ne croyons pas que Verlaine, cyclothymique invétéré, mais
cyclothymique lucide, se soit en effet contenté d'enregistrer, au
fil des jours noirs de la prison, ses alternatives de dépression,
d'atroce abattement, puis d'embellies et de renouveaux obstinés :
il a employé toutes les ressources de sa poétique psychologique
pour désarmer son présent ou s'en évader en transfigurant son
monde intérieur.*

*Tous les verlainiens savent qu'un pieux recueil comme
Sagesse, construit ultérieurement, ne contient pas, pour des
raisons faciles à concevoir, tous les poèmes, farouchement
sensuels ou manichéens, satiriques, désespérés ou trop tendre-
ment humains, éclos en prison. Un recueil primitif, minutieuse-
ment ordonné par Verlaine, et qui s'intitulait Cellulaire-
ment, constituait, lui, une espèce de « journal de bord ». De
ce recueil, auquel manquent quelques pages, Verlaine a détaché*

pour Sagesse *au moins sept pièces, que je cite dans leur ordre chronologique :* « Sur les eaux », « Un grand sommeil noir », « La chanson de Gaspard Hauser », *le* « Printemps » *et l'* « Été » *de* Mon almanach pour 1874, « Du fond du grabat », « Jésus m'a dit ». *En revanche, treize pièces ont paru seulement plus tard, soit dans* Jadis et Naguère, *soit dans* Parallèlement. *D'autres poèmes enfin, et parfois non des moins significatifs, tel* « Jésus fils de Dieu, sauveur » *(je traduis le titre grec), n'ont jamais été publiés du vivant de Verlaine. Tous ces poèmes ont été datés par Verlaine, soit dans une lettre d'envoi, soit dans* Cellulairement, *soit dans le récit autobiographique* Mes Prisons, *soit dans un exemplaire de la troisième édition de* Sagesse (1893) *spécialement annoté à la demande d'un grand seigneur bibliophile, le comte Kessler. Même si les dates sont parfois contradictoires en apparence, parce que Verlaine (Hugo procédait souvent de même) note tantôt la date de l'impression première, tantôt la date de la composition ou de son achèvement, l'on connaît à peu près sûrement, ce qui est l'essentiel, l'ordre et l'enchaînement des poèmes de prison.*

*Nous disposons ainsi d'une courbe sismographique précieuse, puisqu'elle nous renseigne sur l'évolution intérieure du prisonnier et sur ses diverses tentatives de libération intérieure purement humaines avant l'avènement au grand jour, et l'éclat de la conversion. Nous constatons que Verlaine, d'abord sous le premier choc d'une situation inconcevable, quand il se* voit *tournant tel un bagnard ; puis lorsque après sa condamnation — c'est-à-dire après la renonciation à l'espoir — il se sent oppressé comme dans un caveau ; un peu plus tard enfin, dans les premiers temps d'une aggravation de sa situation, enfermé dans une cellule de Mons, quand il se voit emmuré à la fois dans l'espace et dans le temps, est passé par des périodes d'accablement, et même de désespoir galopant, qu'attestent successivement le poème de juillet 1873,* « Autre » (Parallèlement) :*

Tournez, Samsons sans Dalila,
Sans Philistin,

Tournez bien la
Meule au destin.
Vaincu risible de la loi,
Mouds tour à tour
Ton cœur, ta foi
Et ton amour!

*— puis les deux poèmes de* Sagesse *datés du mois d'août,
« Gaspard Hauser chante… » et « Un grand sommeil noir… »,
qui s'intitulait « Berceuse »; enfin, en octobre, le plus terrible,
le plus désespéré de tous : « Réversibilités » (Parallèlement) :*

Les Jamais sont les Toujours!
. . . . . . . . . . . . . . . . . . . .
Les Toujours sont les Jamais!
. . . . . . . . . . . . . . . . . . . .
Ah, dans ces deuils sans rachats
Les Encors sont les Déjàs!

*Cependant, dès lors que Verlaine a enregistré les circons-
tances qui l'affectent, et constaté l'état moral dans lequel elles
le plongent, sa fierté vigilante de poète s'ingénie à créer des
éclaircies, à imaginer des percées, à chercher des issues psycho-
logiques. Ainsi, dans « L'espoir luit… », il transmute l'image
oppressante du « caveau » cellulaire amèrement nommé « Ber-
ceuse » en l'image protectrice d'un vrai berceau pour l'âme,
d'un cocon plein de rêves et de voix, celle, mystérieuse, de
l'éternelle bien-aimée de jadis faisant fuir la malfaisante
présence de Mathilde. Le même mois d'octobre, il crée contre
le temps muré des « Réversibilités » la quatrième dimension*
magique *(le mot est de lui) de « Kaléidoscope » (Jadis et
Naguère) où présent et passé sont intimement unis comme
dans une inexpugnable forteresse de songe :*

Ce sera comme quand on ignore des causes :
Un lent réveil après bien des métempsycoses :
Les choses seront plus les mêmes qu'autrefois…

Un peu plus tard, le poème « Images d'un sou » (qui s'intitu-
lait d'abord « Le bon alchimiste » — une des séquences d'Une
saison en enfer s'intitule « Alchimie du Verbe » —) nous
livre en ses deux premiers vers l'un de ses secrets médités :

> De toutes les douleurs douces
> Je compose mes magies !

Dans le même temps, l'on voit poindre d'autres thèmes,
indépendants, qui surgissent brièvement sans explication
rationnelle, comme venant sourdre d'une nappe du subconscient :
non seulement d'énigmatiques « Cantiques à Marie » auxquels
Verlaine (sans en citer un seul vers, ce qui est exceptionnel
chez lui) fait allusion dans une lettre de fin novembre 1873
à Lepelletier : « cantiques », à mon sens, seulement rêvés
et à peine esquissés, dont la substance, sinon la contexture
exacte, a passé dans le poème de Sagesse « Je ne veux plus
aimer que ma mère Marie » et dans « Un Conte » d'Amour
(qui s'intitulait d'abord « Bouquet à Marie »).

Mais que dire de cet extraordinaire poème « Jésus-Christ
fils de Dieu, sauveur », transfiguration divine de la liberté
dans la prison, auquel je m'étonne que l'on n'attache pas plus
d'importance, sinon parfois pour le dénigrer :

> Tu ne parles pas, ton sang n'est pas chaud,
> Ton amour fécond reste solitaire.
> L'abîme où tu vis libre est le cachot
> Où se meurt depuis six mille ans la Terre...

Cependant, au long de ces mois où l'esprit de plus en plus
anxieux et l'âme alertée lancent des fusées dans toutes les
directions : spiritualisme et au-delà, souvenir, alchimie du
temps et du rêve, un être n'a cessé de hanter le profond de
l'être verlainien et de lutter contre toute autre idée dominante,
contre toute autre vision exceptionnelle. Il ne s'agit certes pas
de l'épouse de Verlaine, sur laquelle il a déchargé sa rancœur
dans le « Child wife » des Romances sans paroles. Il n'a
plus contre elle que des griefs tenaces entraînant des idées

*passagères de reconquête vengeresse, mais pas d'amour. L'être qui continue à l'envoûter, c'est évidemment Rimbaud, pour lequel il a recopié, et auquel il a fait parvenir de sa prison ses trois « récits diaboliques »; Rimbaud, dont le souvenir et l'espoir amers et impérieux dominent « Kaléidoscope », et plus encore ce « Sonnet boiteux » de* Jadis et Naguère *que Verlaine avait d'abord songé à insérer dans* Sagesse, *avant que « Vendanges » évoque*

> Les choses qui chantent dans la tête
> Alors que la mémoire est absente

*et que Verlaine y célèbre le sang immémorial qui chante et pleure, pour le supplier d'opérer une transsubstantiation capable de chasser la mémoire et l'âme au profit d'une apothéose intime hors du temps...*

Pour Verlaine, Rimbaud demeure un être surnaturel. Bien des années plus tard encore, en janvier 1892, quand il eut appris que Rimbaud était mort, Verlaine, évoquant sa grande aventure et la « séduction démoniaque » de son ami, ne craindra pas d'avouer hautement à A. Retté : « Pour moi, Rimbaud est une réalité toujours vivante, un soleil qui flambe en moi, qui ne veut pas s'éteindre... C'est pourquoi je rêve de lui toutes les nuits. »

Privé du corps de Rimbaud, oui, il l'est, et il l'accepte en rusant. Mais privé de son âme et de sa lumière, jamais !

En revanche, s'il n'a pas cessé de polariser sur un être unique, non seulement son admiration et sa tendresse, mais sa nostalgie de posséder les clefs de l'ineffable, cette quête du Graal intérieur s'est révélée bien des fois d'autant plus décevante naguère auprès de l'Ami que leur aventure exceptionnelle lui paraissait requérir un sens exceptionnel, et que Rimbaud se refusait à s'enfermer dans quelque sens que ce soit. Les convictions négatrices de Rimbaud, l'agnosticisme de Rimbaud demeurent un frein psychologique.

L'on peut donc concevoir l'autorité étrange que durent exercer sur Verlaine, quand il les lut dans l'exemplaire d'Une saison en enfer *à lui dédicacé par Rimbaud, certaines phrases troublantes de « Mauvais sang » où son Ami, au cours d'une méditation tumultueuse, manifestait soudain la tentation du divin, et semblait contraint d'envisager au moins, de façon positive, des questions essentielles toujours éludées auxquelles lui échappaient des réponses possibles :* J'ai reçu au cœur le coup de la grâce. Ah! je ne l'avais pas prévu! (...) L'amour divin seul octroie les clefs de la science (...) Dieu fait ma force, et je loue Dieu (...) Je ne suis pas prisonnier de ma raison. J'ai dit : Dieu.

*Ainsi, celui qu'il admirait par-dessus tout paraissait, même fugitivement, montrer un chemin... Mon hypothèse semblera peut-être hardie, mais je crois que si quelques paroles humaines ont pu bouleverser Verlaine, et, achevant de transformer en torrent de printemps les nappes dormantes de son âme, le disposer à la Grâce qui guettait sa nostalgie d'absolu, ce ne furent d'abord ni celles de l'aumônier de la prison, ni le catéchisme de Mgr Gaume, mais les réflexions de ce « voyant » qui faisait une aumône extraordinaire dont il se jouait peut-être, mais qui lui avait échappé.*

*Comment un être à ce point avide de certitude toujours renouvelée comme ce Verlaine qui n'avait cessé de turlupiner Rimbaud sur le sens, les clefs, l'approche d'une nouvelle vie : de « la vraie vie », serait-il en particulier demeuré insensible à cette affirmation :* L'amour divin seul octroie les clefs de la science? *Comment celui qui chercha toujours un au-delà aux choses et aux êtres ne se serait-il pas senti affermi et illuminé par une phrase telle que* Je ne suis pas prisonnier de ma raison. J'ai dit : Dieu? *L'Ami rouvrait par là même les sources occultées; il conférait rétrospectivement un sens troublant et prophétique à un proche passé qui semblait de plus en plus à l'outlaw Verlaine n'être qu'absurdité et écrasement.*

*Il suffit ensuite de relire avec des yeux avertis les vers haletants de* Sagesse *(III, II), composés après la conversion, et qui portaient primitivement pour titre « Via dolorosa »; d'écouter avec une sympathie attentive ce long monologue intérieur, mélange de retour sur le passé et d'examen de la conscience en discussion avec l'instinct. Le voyage féerique avec Rimbaud, lui-même évidemment, et leur influence sur le tumulte de l'itinéraire intime y sont évoqués dans un kaléidoscope d'images avec une émotion hallucinatoire. Avant de parler du Messie encore à venir, Verlaine, en conclusion provisoire de cette expérience, y écrit tout naturellement*

Cette frénésie
T'initie au but.

*Quel but ? L'investissement par la grâce d'une âme enfin convaincue que Dieu est l'Aventure suprême, et la pacification de cette âme par le sentiment que la Connaissance se confond avec l'Amour dans la même lumière fidèle.*

*Verlaine, en effet, a autant besoin d'amour, conçu comme mode immédiat de communication, que de certitude supra-sensible. Un amour où l'essence se confond avec le sentiment sûr et privilégié d'une présence représente pour lui la vérité de l'amour. C'est ce que lui apporte le Christ :*

Aime. Sors de ta nuit. Aime. C'est ma pensée
De toute éternité, pauvre âme délaissée,
Que tu dusses m'aimer, moi seul qui suis resté!

*Cherchez comme je l'ai fait quel est le mot clef, le mot obsesseur dans Sagesse. Dieu? — Vous n'y êtes point... L'âme ? — Même pas. Les mots clefs sont le mot* amour *et le verbe* aimer *qui reviennent à eux deux soixante-deux fois, relayés par le mot* cœur, *qui apparaît pour sa part quarante-neuf fois. Ainsi l'aspiration au* sentiment *ou son exaltation dans le divin se manifestent-elles hautement avec cent onze répétitions (je m'excuse de ces chiffres qui, par-delà leur sécheresse ou leur pédantisme, ont une valeur symbolique). Le mot* Dieu, *ou l'adjectif* divin *ne viennent que bien après, avec quarante et une apparitions, puis le mot* âme, *évoqué trente et une fois. Les mots* doux *ou* douceur *suivent (vingt-neuf), presque à égalité avec les mots* mort *ou* mortel. *Le* rêve *en lui-même n'est appelé ou évoqué que treize fois. Et le mot* sage, *ou l'idée de* sagesse, *sous l'invocation de laquelle est placée l'œuvre ? — Eh bien ! ils n'apparaissent que dix fois...*

*Est-ce après tout si étonnant ? Celui qui, en pleine liberté sensuelle et psychologique, au printemps de 1873, concevait comme en rêvant cette pathétique habilitation de l'amour :*

> Amour ! l'unique émoi de ceux que n'émeut pas
> L'horreur de vivre...

*est le même qui, en 1890, s'écriera :*

> Car aimer, c'est l'Alpha, fils, et c'est l'Oméga...

*Cette nostalgie de chaleur, ce besoin de brûler et d'être brûlé, il n'était pas question que la grâce divine les détruisît, mais bien qu'elle les satisfasse en sublimant leur essence. La poussée de la grâce a agi comme la poussée de la sève dans un arbre partiellement ravagé. Elle perce par les chemins qui lui sont accessibles ; mais il fallait que l'arbre s'y prêtât. Arbre surprenant, grand lilas blessé où, certains canaux obstrués, poussent des grappes neuves sur des branches naissantes, et où la sève engourdie attendait pour affluer où on ne l'attendait plus.*

*Ce qui aimante, illumine, attendrit Verlaine dans la mystique, c'est le sentiment d'une « autre vie » veillant au cœur de cette vie même, maintenant et à jamais. C'est le soleil de la Présence réelle qu'il attendit avec une telle fièvre de ferveur quand, après sa longue confession et sa lente préparation, l'aumônier lui permit enfin de communier, le jour de l'Assomption de cette Vierge Marie à laquelle il avait été voué dès son enfance par sa mère, et à laquelle il fera tendrement obédience :*

> Je ne veux plus aimer que ma mère Marie.

*La notion de* sagesse, *dans son contenu traditionnel, et avec ses obligations prosaïques, est logiquement, pour un*

*cœur dévoué à l'exaltation, la vertu la plus malaisée à conce-*
*voir avec soumission, la plus difficile à cerner de façon satis-*
*faisante pour l'âme. Après s'être laissé aller un jour à un*
*singulier mouvement de nostalgie vers les paisibles certitudes*
*du fils de Jean Racine, le monotone auteur de* La Religion :

Sagesse d'un Louis Racine, je t'envie !

*il se reprendra aussitôt, et, optant comme Huysmans pour la*
*tempête spirituelle d'un Moyen Age où son âme respire plus*
*amplement, il crie son adhésion à ce que les mystiques nom-*
*maient la folie de la croix.*

*C'est seulement en faisant appel à l'auto-suggestion qu'il*
*se force à considérer comme* sagesse

la vie humble aux travaux ennuyeux et faciles

*dévouée (c'est lui qui le dit...) à*

l'accomplissement vil de tâches puériles...

*Nourrissant l'obsession de l'éternité sans avoir la volonté*
*monocorde de la durée, et ne concevant la continuité que sublimée*
*par l'évasion mentale ou soutenue par l'extase, il sait trop*
*bien en tant qu'homme que la sagesse dogmatique ne lui est*
*pas donnée à merci, mais qu'il devra veiller sans cesse sur*
*son équilibre. Dès sa sortie de prison, il avait couru à Stuttgart*
*retrouver Rimbaud sous le prétexte de le convertir, et en*
*était reparti atrocement humilié. Rétabli dans sa fierté intime*
*et sa ferveur mystique par le verdict définitif de l'ancien amour*
*humain, il écrira à son ami Delahaye à la fin d'avril 1875 :*
*C'est avec une espèce de férocité que je lutte à terrasser*
*ce* vieux moi *de Bruxelles et de Londres, 72-73... et*
*de Bruxelles, juillet 73, aussi... et surtout.*
*Bien qu'après cette année 1875 où, tantôt dans la liberté*
*printanière de la campagne anglaise, tantôt en vacances,*
*blotti auprès de sa mère, il compose* vingt poèmes de Sagesse
*(c'est-à-dire presque cette moitié de l'œuvre future où s'attes-*

*tent avec le plus de force toutes les tornades, tous les souvenirs,
toutes les postulations mystiques), — l'on voie diminuer les
manifestations poétiques de la ferveur (deux poèmes en 1876,
trois en 1877, quatre en 1878 et en 1879, cinq en 1880),
et les « intermittences de l'âme » se faire plus fréquentes
ou plus angoissantes, Verlaine demeure au moins jusqu'à
la fin de 1879 serviteur de sa nouvelle vie, et bénéficiaire de
la clarté dont elle l'entoure.*

*Six ans, au moins : c'est un chiffre qui revient dans* Amour
*et dans* Bonheur, *avec la naïve fierté du donataire. De quel-
que façon qu'on l'interprète, jamais Verlaine n'avait été
si continûment fidèle à un être ni à une idée, sinon à la création
et à l'essence de la Poésie. Mais la poésie n'est-elle pas le
tissu de son âme et l'armature de sa vie, même quand les
unes ou les autres semblent jouer à cache-cache comme trois
phalènes ?*

*Conçue sous sa forme traditionnelle et méthodique : celle
de femme de ménage du quotidien, la vertu de sagesse ne risque-
t-elle pas également de contrarier ce qu'il y a de nécessairement
« démonique » dans la vie intérieure qui anime la poésie ?*

*Que la victoire de la routine et des tentations du journalier
fût, à la longue, inévitable, et se fasse sentir progressivement
dans l'œuvre poétique de Verlaine, impossible de le nier.
Sournoise et insidieuse, cette invasion fut cependant lente,
et le poète, d'abord et longtemps victorieux, n'a jamais cessé
tout à fait de lui livrer d'étincelants combats d'arrière-garde.*

*Contre ce double piège entrouvert de la dispersion de l'âme
au nom de l'amour, et de l'insipidité de la poésie au nom d'une
sagesse étroite, Verlaine réagit à la fois par une application
nouvelle de ses qualités foncières, par la sublimation subtile
de ses défauts ; enfin, naturellement, par l'instinct du génie
au service d'un nouveau registre.*

*Trois moyens : annexer le passé au présent, ramener toute
la diversité du monde profane au sacré, et fondre ainsi les
oppositions dans un brasier, fût-ce au moyen de quelques
ambivalences qui rendent certains poèmes plus émouvants en
les entourant d'un halo humain ; composer pour* Sagesse
*une architecture rayonnante qui rende gloire à Dieu comme*

*à la poésie ; se constituer enfin pieux débiteur de l'avenir en plantant aussitôt comme un drapeau mystique sur les futures terres d'exploration poétique le projet d'un long cycle catholique et mystique.*

*Discordant parfois, et déroutant — exprès ! —, Sagesse ne se révèle donc monotone ni dans ses timbres ni dans les thèmes de son architecture. Ses poèmes, rarement raisonneurs ou figés dans l'abstraction, ne tombent jamais longtemps dans l'homélie insistante d'un sermonnaire. Au contraire, Verlaine continue de s'y montrer soudain, souvent, et parfois plus que jamais un prodigieux animiste qui, en prenant les choses à la lettre, et en transformant les notions abstraites en créatures vivantes, tantôt les attire comme un nouveau joueur de flûte de Hameln pour noyer leur malfaisance dans le néant ; tantôt, charmeur d'images troublantes, s'en fait le bon pasteur pour les amener à Dieu : les vieux bonheurs et malheurs s'estompent et disparaissent à l'horizon « comme une file d'oies » ; les « pauvres bonnes pensées » viennent docilement à Dieu telles des brebis conduites par un chien fidèle, qui est Verlaine. « Les mots ont peur comme des poules », et nous avec eux.*

*Verlaine ne craint même pas (III, x), comme pour désarmer un leurre, de sanctifier l'équivoque et de transfigurer un corps humain — qui pourrait être aussi le « cher corps » de Rimbaud, auprès duquel il a si souvent veillé et dormi — en un corps symboliquement douloureux et sacré, poignant et puni, qui n'est pas celui du Christ, mais y achemine la pensée...*

*Les paysages à leur tour, comme le reste de la création, sont mobilisés pour chanter la gloire de Dieu, que ce soit (III, xi) l'allégresse du renouveau sensuel transfiguré en renouveau spirituel au prix de quelques vers ajoutés, l'impressionnisme orchestral du printemps anglais, ou la détresse de la neige dans le crépuscule du soleil d'hiver où l'âme du loup pleure à l'unisson avec le cor (Apollinaire s'en souviendra) pour crier vers une absence innommée, mais toute-puissante...*

*Quand le moment sera venu pour Verlaine de composer son recueil, c'est-à-dire de lui conférer un sens à travers une perspective musicale, il s'y appliquera avec la même cons-*

*cience poétique (qui demeure pour lui une Vertu) que jadis
pour tenter dans les* Poèmes saturniens *d'exorciser par
l'Art la vie fragile ou le destin taciturne, puis de recréer
dans les* Fêtes galantes *un magique paradis hors du temps.
Il fera de* Sagesse *à la fois une vaste rosace poétique et un
bilan spirituel.*

*Toute la conscience et l'arrière-conscience poétiques sont
mobilisées en conséquence pour servir la fuite en avant au
cœur du monde spirituel. Parfois même, les idées ou les entités
morales sont incarnées avec une nouveauté saisissante dans les
sensations brutes qu'elles évoquent : les voix deviennent des
êtres surréalistes arrachés au double gouffre du temps et du
labyrinthe intérieur, halés et déposés aux pieds de Dieu dans
une nouvelle pêche miraculeuse. C'est, appliqué aux* Voix,
*la machinerie rimbaldienne des* Voyelles; *mais combien plus
perfectionnée ici, puisqu'il s'agit d'une poésie totale et immé-
diate.*

*Au moment même où Verlaine, sorti de prison, commen-
çait à nouer le bouquet de fusées pieuses offert au Christ, à
la Vierge, et à travers eux, au renouveau de sa propre vie,
il entendait grossir ce bouquet, et même le construire en une
gerbe immense. Durant quelque temps, au long de 1875,
il avait nourri le projet touchant et bizarre d'un cycle gigan-
tesque, analogue dans son domaine aux épopées sur lesquelles
s'étaient acharnés les grands aînés : Lamartine, Hugo, voire
son ennemi intime Leconte de Lisle. Il en entretint E. Dela-
haye en avril :* Mon poème sacré serait immense. Il
roulerait sur la Vierge. Titre probable : Le Rosaire.
Comprendrait depuis Adam et Ève jusqu'à présent.
Toutes les civilisations, toutes les légendes... Je tiens
à peu près le plan qui est tout théologique et qui a encore
besoin d'être digéré. J'aurai besoin d'immensément
voyager. Ce serait toute ma vie, naturellement. *Il en
reparlera en novembre, cette fois à É. Blémont, comme d'une
espèce d'épopée, de récit tout d'une haleine, quatre à
cinq mille vers, ou plus...; puis il renoncera tout douce-
ment à un projet si contraire à sa nature poétique, que*

*Péguy tentera vainement, à sa manière, avec son* Ève, *et
qui eût risqué de rivaliser d'ennui avec l'épopée en six chants
de Louis Racine sur* La Religion...

*En revanche, c'est dans la même lettre à Blémont qu'appa-
raît le projet de composer conjointement deux volumes com-
plémentaires de vers religieux :* Sagesse *et* Amour.

*Un cycle mystique : pourquoi pas ? Et même plus tard
une trilogie chrétienne, des vers destinés cette fois par la pensée
à un recueil intitulé* Bonheur *venant progressivement s'adjoin-
dre aux autres ? A partir de 1889, dans une émulation
wagnérienne (dont témoigne le troublant sonnet « Parsifal »),
et surtout dans un souci de justifier dogmatiquement l'équilibre
instable entre la chair et l'âme auquel il s'est résigné, Verlaine
évoquera même volontiers une* tétralogie, *si — dit-il —
« j'ose parler ainsi de mon " élégie en quatre parties " » —
c'est-à-dire* Sagesse, Amour, Bonheur, *et, entre eux,
le recueil sensuel intitulé* Parallèlement. *En 1892 encore,
survolant enfin son œuvre au moment de publier* Liturgies
intimes — *où brûlent les suprêmes braises chrétiennes —,
il trace pour un journaliste ce bilan :* J'ai entrepris et achevé,
à travers quelles difficultés de la vie et que de décourage-
ments parfois! une œuvre toute personnelle et, je
crois, unique dans notre poésie française : l'histoire
en quelque sorte d'une conversion selon l'expression
du regretté Féval; quatre volumes d'en moyenne quinze
cents vers chacun composent ce modeste mais absolument
sincère monument, si on me permet un pareil terme
ambitieux, *Sagesse, Amour, Bonheur,* d'un catholicisme
naïf, de source, *Pratique* et *Pratiquant* de néophyte
plus avancé que ne semble le croire votre collaborateur,
enfin *Parallèlement* qui, comme son nom l'indique, n'est
à côté des professions de foi d'auparavant et depuis
(...) qu'une « odieuse », si vous voulez, confession de
bien des torts sensuels (...) Ce livre ne vient pas le
dernier, ni, tant s'en faut! le définitif de cette tétralogie,
laquelle se clôt par *Bonheur,* un livre sévère et tout, tout
chrétien.

*Avec une obstination minutieuse et fervente, Verlaine a*

*donc considéré et traité ce nouveau champ de gravitation non point comme une mystique intemporelle et une poétique plane, mais comme une poétique et une mystique dans l'espace et le temps : un espace extérieur qui s'étend sur l'Angleterre, le septentrion, et Paris, interférant sur un espace intérieur aux limites toujours plus difficiles à maîtriser. Un temps qui s'étire à peu près sur dix-sept années, de 1874 à 1891. Pour quels résultats, et à quel prix ?*

Amour *et* Bonheur *ont en général d'autant moins bonne réputation dans l'œuvre verlainienne que leurs titres évoquent des terres promises, et que le disparate de leurs thèmes succédant aux assurances ronflantes de l'auteur peut lasser les bonnes volontés trop impatientes ou trop peu soucieuses des ressorts inattendus.*

*Que Verlaine, durant les années imprévues qui s'égrènent de 1875 à 1888 — avant qu'il s'abrite quasi définitivement dans ses mornes habitudes et s'ancre dans son système — ait été un chrétien qui s'évertua à la purification tout en faisant la plus petite possible la part de son feu tyrannique, puis un homme mal récompensé et presque accablé par le sort, l'on n'en saurait douter, pas plus que l'on ne peut douter de ses efforts pour ne pas trop tituber sous les coups, soit dans sa vie, soit — surtout — dans son œuvre.*

*De 1875 à 1877, Verlaine vit seul. A la fin de 1877, il remarque au pensionnat Notre-Dame de Rethel un de ses élèves, un jeune homme de dix-sept ans, Lucien Létinois. Il s'attache à lui, ou s'entiche de lui. Jusqu'en janvier 1883, où Lucien Létinois mourra tout jeune d'une fièvre typhoïde, il n'apparaît pas qu'il puisse vivre sans Létinois, ni même qu'il y songe : Lucien l'accompagne en Angleterre, où, malgré son peu d'instruction, il obtient un poste d'enseignant sous la caution de Verlaine ; tous deux s'exerceront plus tard à la culture, sans grand succès, dans l'exploitation que Verlaine a achetée 30 000 francs pour Lucien. Verlaine paie 1 500 francs pour que Lucien puisse contracter un engagement qui limitera son service militaire à un an, et il se fait accepter comme surveillant général à Reims pour ne pas être séparé de Lucien, qui y a été affecté comme artilleur. Ainsi de suite jusqu'à*

*la mort prématurée de celui en qui il a mis toutes ses complai-
sances terrestres.*

*Ce jeune Lucien, E. Lepelletier, que son relativisme ren-
dait pourtant indulgent, l'a décrit comme un garçon « maigriot
et dégingandé », « un rustre dégrossi », incapable d'ailleurs
de réussir même à son brevet...*

*Qu'importe ! Le monde, soutiennent les philosophes idéa-
listes, est notre représentation, et Verlaine voit Létinois
beau, intelligent, svelte et délicat, « un pur esprit vêtu d'une
innocente chair ». Est-il juché sur son lourd cheval d'artilleur,
Verlaine le décrit tel un nouveau Bayard :*

Mon fils est brave : il va sur son cheval de guerre,
Sans reproche et sans peur sur la route du bien...

*Il attend avec fièvre les lettres de ce demi-lettré, et les
évoque en des effusions proches de celles qui jaillissaient jadis
de l'âme déchirée de Hugo pour parler des lettres de sa fiancée,
ou des sourires de sa fille Léopoldine noyée à Villequier.*

*A peine, en conséquence, si les insinuations sur sa liaison
et les doutes que peuvent inspirer certains accents effleurent
une âme évadée et un cœur envoûté. S'il s'en est expliqué dans
un des poèmes (XV) du « lamento » qui nourrit plus d'un
tiers du volume, c'est — tout en revendiquant par un biais
la filiation avec Rimbaud — pour parler encore de Lucien
avec soi-même et pour dresser l'essentiel contre l'illusion, non
pour se justifier devant la « sottise » des Prudhommes médusés
par les fantômes de Sodome. Pour lui, Lucien a été le substitut
de son fils arraché et le frère cadet que lui-même n'a jamais
eu. Il a incarné en cet être le rêve bienfaisant de penser à autrui
plus qu'à soi-même et à ses angoisses ; de fixer ce « cœur à
tous vents », cet homme « de primesaut et d'excès » en lesquels
il se reconnaît. Il a trouvé dans l'atmosphère de cette union
le bonheur de vivre en visionnaire apaisé au pays des chimères,
dont il pense avec Jean-Jacques Rousseau qu'il est ici-bas
le seul digne d'être habité.*

*C'est pourquoi il ne cessera de compter ces six années de sa
vie comme des années de pureté et d'élévation. Il s'en est ouvert*

*un jour de 1891 devant le journaliste hollandais Byvanck :*
J'ai eu vraiment la foi, pendant les années passées loin
de Paris, après mon malheur : je me sentais pur, j'étais
chaste; j'avais le bonheur et la santé. Nulle mauvaise
pensée ne me venait. Mon esprit était calme et c'était
une sensation presque physique. Il me semblait que je
portais sans cesse du linge propre et neuf. Je m'étais
attaché à un de mes élèves, il me remplaçait mon fils;
j'étais pour lui un père et un frère aîné. Pourquoi tout
cela n'a-t-il pas duré? Il paraît que la fatalité ne l'a pas
voulu...

*Il le dira dans* Amour; *il le* redira *dans* Bonheur :

> Et six ans passés à plaire à Dieu
> Vertu réelle, effort bel et bon!

*Dans l'optique de l'âme, au-delà de toute tendresse char-
nelle, ce Lucien Létinois que Verlaine transfigure ainsi conti-
nûment à travers ses larmes fut bien plus qu'un compagnon.
Si le mot* ange *revient sous sa plume avec un tel naturel :*

> Cela dura six ans, puis l'ange s'envola...

*c'est qu'il ébranle au plus profond des souvenirs comme au
plus vif des nostalgies de multiples harmoniques qui toutes
se rejoignent. L'ange, c'est une revendication compensatrice
de l'inoubliable Rimbaud, qui était un ange-démon, mais
d'abord un démon déguisé en ange...*

*Il le considère alors comme son* dernier amour, *et c'est
pourquoi, bouclant la boucle d'une vie, il intercalera brusque-
ment dans la deuxième édition d'*Amour, *entre deux des
stances consacrées à Lucien, le déchirant poème d'anniver-
saire à la mémoire de sa cousine Élisa, qui fut son* premier
amour : « mieux qu'une sœur », *comme Lucien fut* mieux
qu'un frère ou un fils.

*Enfin, comme jadis son maître Baudelaire voyait dans
la garçonnière et robuste Mme Sabatier un ange porte-flam-
beau, Verlaine, en dotant d'une essence ce pauvre garçon*

*mort dès vingt-trois ans, transforme un être humain qui passa comme une ombre en un intercesseur hors du temps.*

*Témoignage d'un amour agrandi en un mythe, ou d'un mythe costumé en amour, le « lamento » de Lucien Létinois prend une dimension lyrique nouvelle et confère au titre du recueil :* Amour, *une valeur ambivalente, puisqu'il s'y agit à la fois de l'amour pour Dieu, de ce*

Torrent d'amour du Dieu d'amour et de douceur

*et de l'amour pour une créature qu'il chante aux pieds de Dieu, tels les donateurs des tableaux religieux d'autrefois.*

*Entre cette longue extase dans l'amère douceur d'un souvenir qui sourit pour toujours ; entre cette communion spontanée avec l'invisible qui nourrit toute une partie d'*Amour, *et l'adhésion raisonnée à l'éternel qui alterne si souvent dans le même recueil avec l'adhésion involontaire aux tristesses sordides du quotidien ou à la haine post-conjugale, quelles différences, soudain, et quels contrastes... C'est qu'*Amour *n'est pas seulement l'œuvre d'un poète malheureux, mais d'un homme misérable. En 1886, Verlaine a perdu sa mère, et il a vu son ex-femme se remarier, avec un entrepreneur ! A l'automne de 1886, il écrit au docteur Jullien :* Je travaille, car il le faut sous peine de mort... Avec ma misère qui est au comble, ma femme remariée, ma jambe incurable et l'hiver qui commence, me voilà propre, et quel conseil écouter, du désespoir ou de la colère ? La patience est crevée : à force!! on va crever.

*C'est que Verlaine, seul avec lui-même, et se sentant seul, n'a plus même le droit d'être seul avec ses rêves. Il doit travailler pour seulement* vivre, *amasser et rouler un à un des poèmes comme une fourmi des grains : « bûcher » (le mot est de lui) ; faire de la copie. Il compte et recompte méticuleusement des vers, soucieux d'atteindre un total acceptable pour un recueil, traqué non plus par le bonheur de créer, mais par l'angoisse d'écrire. A-t-il réalisé 664 vers, ou seulement 644 ? Atteint 1 125 ou 1 200 ? Comment* Amour, *dont le bilan « n'est pas brillant » avec 800 vers, va-t-il arriver au moins à 1 500, comme* Sagesse ? *Toute l'histoire de la composition progres-*

sive d'Amour *est ainsi jalonnée,* en 1888, *de lettres à son éditeur* Vanier *où s'égrènent et reprennent de mois en mois les mêmes déclarations dans des phrases identiques :* La dernière pièce... Voici le volume bien fini... Une dernière pièce... La *vraie* dernière...

*Parfois, rarement, il se redresse, et fait se ressouvenir qu'il demeure le poète* Verlaine, *et non un tâcheron, fût-ce du divin :* J'ai traité pour un volume de vers, et non pour une quantité de vers, imposée par tout autre goût que le mien... Je me réserve de terminer Bonheur *selon mon plan d'artiste. Pourquoi faut-il que ce soit aussi dans l'arrière-pensée de rompre avec son correspondant : l'éditeur* Savine, *envers qui sa position est fausse car il est lié par contrat avec* Vanier ? *Pourquoi, lui qui fut jadis ou naguère l'alchimiste de ses états d'âme, accepte-t-il de s'en faire désormais le greffier ou le comptable ?*

*Pourquoi ?* — *Parce qu'il est pauvre, et que, selon le mot de* Villiers de l'Isle-Adam, *l'on perd sa vie à la gagner... Mais pourquoi diable est-il pauvre ? C'est bien de sa faute !* — *Eh ! non, ou en tout cas point dans le sens où l'on entend le mot « faute », car à la mort de* M^me Verlaine *mère, son fils, à l'intention de qui elle avait mis de côté* 20 000 *francs de titres au porteur, les a spontanément remis au juge de paix pour qu'on en fasse la balance dans la communauté en faveur de son fils, et jamais on ne lui a redonné sa propre part... Geste qui dépasse l'honnêteté puisque l'ex-*M^me Verlaine *avait depuis douze ans obtenu la séparation d'avec son mari emprisonné à* Mons, *et qu'elle lui mesurait chichement les moindres rencontres avec son fils. Geste véritablement sublime, dont* Verlaine, *s'il y a parfois fait allusion, n'a jamais daigné se vanter, mais qui a hypothéqué le reste de sa vie.*

*Il faut ainsi compter comme un singulier mérite moral, sinon purement poétique, le poème de* Bonheur, « Bon pauvre, ton vêtement est léger... » *quand on le rapproche des paroles terribles qu'en* 1890, *à l'époque même où il terminait* Bonheur, Verlaine *prononça devant* Pierre Louÿs : Quand Tailhade est parti, il ouvre son porte-monnaie, qui contient 1 fr. 10. « C'est toute ma fortune, monsieur. Et demain ? Oui, à un cer-

tain point, monsieur, la pauvreté est sainte, vraiment
sainte. Il y a une heure, dans un café, un garçon, mon-
sieur, un garçon a refusé de me servir parce que j'étais
trop mal mis ; il disait que " je relevais de l'Assistance
publique ". »

*Persécuté par l'asphalte, Verlaine se réfugie encore parfois*
*dans les souvenirs de l'air libre ; il revoit d'anciens poèmes, tels*
*« Bournemouth » ou « There »*, *bouquets de bruyère ou feux de*
*brousse au milieu des plate-bandes doctrinales bien ordonnées.*
*Il introduit soudain dans l'hommage funèbre à Lucien Létinois*
*quelques vers rêveurs et féeriques sur la Nouvelle Forêt proche*
*de Lymington. Mallarmé (je ne crois pas qu'on l'ait jamais*
*remarqué) se ressouviendra de leur ressac et d'une image sur-*
*réaliste soudain glissante*

 ... comme, *tapi sous l'herbe*
 Tout ce passé dormant aux pieds du bois superbe

*en écrivant son extraordinaire sonnet animiste sur la* présence
*de Verlaine par-delà sa mort :*

 Verlaine ? Il est caché parmi l'herbe, Verlaine...

*Condamné désormais à vivre au milieu du hourvari bourgeois,*
*ce silentiaire voué sur le tard aux bêtes de cirque rend mépris*
*pour dédain :*

 Car où prendre un public en ces foules infâmes
 D'idioterie en haut et folles par le bas ?

*Un jugement soudain sur son époque « noyant tout » (déjà !)*

 Au remous gris de mer des chiffres et des phrases

*donne longtemps à songer.*
 *Entravé dans les hontes du quotidien, c'est surtout, par une*
*espèce d'homéopathie, dans les petites joies du quotidien qu'il se*
*réfugie. Faute de pouvoir rayonner dans sa dernière passion,*

*jalouse et totale, pour le peintre Cazals, dont celui-ci accepte avec chaleur de cœur la sympathie, mais refuse le feu sensuel, il s'anime dans les camaraderies de lettres, dans les menues querelles littéraires, qu'il arbitre avec gravité ; dans les oasis des cafés. De là tous ces poèmes d'Amour dédiés à divers amis, et qui tiennent registre des sympathies ou des risées d'humbles rémissions à défaut de bonheur.*

*Le bonheur ? Au fond, Verlaine n'y croit plus guère ; et, quand il y croit, il en éprouve une peur grandissante qui se trahit progressivement dans ses expressions. Déjà, dans le poème « A F. Langlois » d'Amour, il se demandait s'il n'était pas « impossible, en somme ? », et vain le « pourchas » du bonheur. Si plus tard, dans le poème XVI de Bonheur, il réussit à circonscrire quelques instants un bonheur simple et trotte-menu, c'est en le situant dans un passé nostalgique. En revanche, sa conception craintive du seul bonheur durable — comme du seul amour souverain — : ceux qui procèdent de Dieu, pointent déjà, l'une à la fin des « Voix de l'orgueil... » de Sagesse, où il s'écrie :*

Mourez parmi la voix terrible de l'Amour !

*l'autre dès le seuil du premier poème d'Amour où la surveillance aimante de Dieu lui apparaît étrangement, revêtue du même adjectif, comme un « bonheur terrible ».*

*Dans Bonheur, voici qu'il associe non seulement la Foi, mais le bonheur à « un gouffre », à un « entonnoir tragique » mystérieusement ouvert dans « la mer des Résignations ». Voici retrouvés, avec le thème fatal de l'engouffrement dans l'eau qui accompagna toujours les crises psychologiques de Verlaine, l'appréhension de ce Maelström qui hantait ses lectures d'enfant. D'ailleurs, quand il reçoit à l'hôpital Broussais, en janvier 1890, André Gide et Pierre Louÿs, en quels termes brefs leur définit-il sa nouvelle œuvre ? « Bonheur est terminé. C'est un livre très dur, qui fera contraste avec* Parallèlement. *C'est un bonheur qui ne paraîtra pas heureux. »*

*Dur, ce bonheur ? Terrible ? Pourquoi ? — Parce que ce bonheur-là, celui de Dieu, est une chose grave, irrévocable ; un sentiment dépouillé, sans nuances, avec lequel on ne peut ni badiner ni faire la part du feu, alors que le pauvre Verlaine, lassé de « travailler comme Sisyphe » contre lui-même entend se réserver désormais la consolation de « rire dans ses remords ». Parce que c'est un bonheur qui requiert une inflexible unité, et que Verlaine s'est fait petit à petit une esthétique, une morale, puis une poétique systématiquement plus indulgentes, axées sur le mouvement pendulaire de sa propre diversité, et qu'il prétend y attacher dans tous les domaines une valeur normative.*

*C'est ainsi qu'il inclura de parti pris le recueil vertigineusement sensuel et éclectique dans l'érotisme qu'est* Parallèlement *dans sa « tétralogie » chrétienne, invitant spécieusement le lecteur à y discerner une espèce de* repoussoir *mystique, « la récurrence, ou bien plutôt le rêve, et surtout le cauchemar d'une Chair qui condamne l'Esprit ».*

*Ouvertement professé, un pareil laxisme ordonné éclaire les orientations nouvelles de* Bonheur, *et explique que les mots clefs n'en soient ni le bonheur ni même la foi, mais la Charité et la Chair. La Charité, dans son sens le plus large et le plus général, parce que le mot* charité, *étymologiquement, inclut l'amour; et la Chair, parce qu'elle est la charité envers le corps, et l'oubli dans l'instant...*

*Ayant posé à son propre usage une distinction très « fin de siècle » entre chrétiens et catholiques* (Que la conscience des catholiques raisonne autrement ou non, ceci ne nous regarde pas...), *il en profite pour s'émanciper à nouveau subtilement de liens hiérarchiques et d'idées bourgeoises qui ne laissent pas de lui peser derechef : ce n'est pas le moindre piment de* Bonheur *que d'y surprendre, au milieu de pièces pieuses et bien pensantes, tel poème* (XI) *où il houspille par antiphrases les prêtres en les louant, de trouver au détour d'une strophe chez ce zélateur du général Boulanger, du drapeau et de la patrie, un élan d'anarchisme et de charité sympathique à ces amis du pauvre : « l'assassin, l'escroc, et l'humble voleur ».*

*Mais ne voilà-t-il pas qu'il s'avise également d'appliquer à la poétique sa bohème psychologique, et de la codifier en évangile esthétique ?*

... L'art, mes enfants, c'est d'être absolument soi-même...
... On vit simple, comme on naît simple, comme on
[aime...

Quelle *simplicité*? Quel *soi-même*, et quelle valeur de *sin-*
*cérité*, alors que l'on se reconnaît double, et possédé par des
*sincérité contradictoires?*

Fort heureusement, le lecteur verra que quelques-uns de ses
poèmes — les plus beaux — font doctrine buissonnière pour
demeurer tout simplement ferveur : ainsi ce Noël en mineur,
« La neige à travers la brume », où la vibration de l'instant
irremplaçable et le pressentiment de l'essentiel sont exaltés pres-
que sans paroles autres que celles de la nuit.

Verlaine, par une grâce d'état, ne cessera jamais complète-
ment de nous surprendre et de nous réconforter au moment
même où on le voit sur le bord de l'abandon, et c'est aussi par
là que, magicien des en-deçàs et des au-delàs, il se révèle égale-
ment fraternel aux pires moments du quotidien. Contre sa force
de résolution s'élève en tornades sa faiblesse. Il le sait, et il
l'écrivait à son ami Cazals en août 1889, au plus vif de son
renouveau chrétien : ...C'est vrai que le malheur, un malheur
sans pair je crois, m'a — pour un temps — trempé, puis
peut-être détrempé faute d'avoir été pratiqué judicieuse-
ment. Je manque de jugement avec tout le bon sens que
j'ai. Morale que je n'aime guère, car elle pue la semblant
physiologie : je suis un féminin, — ce qui expliquerait
bien des choses!

En retour, contre sa faiblesse féminine, sa force profonde de
mysticisme se redresse soudain, comme un cierge dont la lumière
bleuit dans la tempête, mais ne s'éteint pas. Des vers sur
l'Eucharistie, sur le pouvoir de la chair sacrée du Christ

... vénérable en sa moindre parcelle
Et dans le moindre grain de l'Hostie à l'autel

*aussi bien que sur*

### Le Sang réel, par Qui toutes fautes sont expiées

*qu'il invoquera dans un sonnet à Laurent Tailhade après en avoir déjà évoqué la splendeur dans le poème « Parsifal » d'Amour; les strophes solennelles du poème XVI, viennent et reviennent en témoigner.*

*Puisque Verlaine fut également, sous ses abondances verbales ou ses abandons, un homme secret, et qu'il faut ainsi se donner le bonheur d'en appeler de sa sincérité officielle à sa sincérité profonde quand on le surprend dans un moment d'abandon, l'on prêtera également l'oreille à certaines paroles rêveusement prononcées un soir de 1891, dans l'intimité d'une conversation amicale, et qui demeurent comme l'écho d'une vie intérieure inséparable d'une mystique :* La messe! Penser que durant les siècles passés le même culte a été célébré, toujours invariable, et qu'il se maintiendra sans changement jusqu'au dernier jour! Tout passe; seule, cette parole restera, comme elle a été instituée dès le commencement... Tout est sublime dans cette liturgie; pas le moindre acte qui n'ait sa raison mystique... Comme je hais tout ce qui est janséniste, ou protestant, mesquin, en un mot! Vouloir rapetisser la nature humaine, m'enlever, à moi, la suprême jouissance de la communion! de la communion par laquelle je participe au corps de Dieu! Quiconque croit que ma foi n'est pas sincère ne connaît pas l'extase de recueillir dans son corps la chair même du Seigneur. Pour moi, c'est un bonheur qui m'étourdit : c'est une émotion physique. Je sais trop bien que j'en suis indigne : il y a plus d'un an que je n'ose plus aller recevoir l'hostie. La dernière fois que j'ai communié, je me suis senti un instant pur et lavé de tous mes péchés, et le soir même... Non, non, j'en suis indigne.

*Indigne, ou plutôt trébuchant, il n'avait en tout cas jamais renié le vœu que forme le dernier vers d'un poème* d'Amour :

Puisse un prêtre être là, Jésus, quand je mourrai!

Ce prêtre, sa concubine Eugénie alla le quérir le 7 janvier 1896, quand Verlaine obtint une dernière rémission entre le délire et la mort. Interrogé plus tard sur son entretien, cet ecclésiastique, qui ne pouvait trahir le secret de la confession, dit cependant à son interlocuteur en le regardant dans les yeux : « Monsieur, c'était un chrétien ! »

C'est sans doute la présence magique au centre d'une âme, aux confins du siècle finissant, de cette petite lumière mystérieuse, pareille à la veilleuse de l'adoration perpétuelle dont la flamme persiste même aux heures où le temple est désert, qui a lentement impressionné Mallarmé, le faisant revenir sur son jugement primitif, l'incitant même juste après la mort de Verlaine à élire, de façon surprenante, Sagesse et ses satellites comme les meilleures parties de l'œuvre, en ajoutant gravement : « Là, en un instant principal, ayant écho par tout Verlaine, le doigt a été mis sur la touche inouïe qui résonnera solitairement, séculairement. »

Ce tendre signal mystique, ce fanal inlassable qui parle humblement de pêche miraculeuse ou rayonne sur la nature ne s'éteindront jamais complètement. Ils balisent l'éternelle, l'irréductible présence du Poète au large de son existence visible.

Jacques-Henry Bornecque.

# Sagesse

À la mémoire
de ma mère
**P.V.**

*Mai 1889.*

# PRÉFACE
## DE LA PREMIÈRE ÉDITION

*L'auteur de ce livre n'a pas toujours pensé comme aujour-
d'hui. Il a longtemps erré dans la corruption contemporaine, y
prenant sa part de faute et d'ignorance. Des chagrins très mérités
l'ont depuis averti, et Dieu lui a fait la grâce de comprendre
l'avertissement. Il s'est prosterné devant l'Autel longtemps
méconnu, il adore la Toute-Bonté et invoque la Toute-Puissance,
fils soumis de l'Église, le dernier en mérites, mais plein de
bonne volonté.*

*Le sentiment de sa faiblesse et le souvenir de ses chutes
l'ont guidé dans l'élaboration de cet ouvrage qui est son premier
acte de foi public depuis un long silence littéraire : on n'y trou-
vera rien, il l'espère, de contraire à cette charité que l'auteur,
désormais chrétien, doit aux pécheurs dont il a jadis et presque
naguère pratiqué les haïssables mœurs.*

*Deux ou trois pièces toutefois rompent le silence qu'il s'est
en conscience imposé à cet égard, mais on observera qu'elles
portent sur des actes publics, sur des événements dès lors trop
généralement providentiels pour qu'on ne puisse voir dans leur
énergie qu'un témoignage nécessaire, qu'une confession solli-
citée par l'idée du devoir religieux et d'une espérance française.*

*L'auteur a publié très jeune, c'est-à-dire il y a une dizaine
et une douzaine d'années, des vers sceptiques et tristement
légers. Il ose compter qu'en ceux-ci nulle dissonance n'ira
choquer la délicatesse d'une oreille catholique : ce serait sa
plus chère gloire comme c'est son espoir le plus fier.*

*Paris, 30 juillet 1880.*

# I

## I

Bon chevalier masqué qui chevauche en silence,
Le Malheur a percé mon vieux cœur de sa lance.

Le sang de mon vieux cœur n'a fait qu'un jet vermeil,
Puis s'est évaporé sur les fleurs, au soleil.

L'ombre éteignit mes yeux, un cri vint à ma bouche
Et mon vieux cœur est mort dans un frisson farouche.

Alors le chevalier Malheur s'est rapproché,
Il a mis pied à terre et sa main m'a touché.

Son doigt ganté de fer entra dans ma blessure
Tandis qu'il attestait sa loi d'une voix dure.

Et voici qu'au contact glacé du doigt de fer
Un cœur me renaissait, tout un cœur pur et fier

Et voici que, fervent d'une candeur divine,
Tout un cœur jeune et bon battit dans ma poitrine!

Or je restais tremblant, ivre, incrédule un peu,
Comme un homme qui voit des visions de Dieu.

Mais le bon chevalier, remonté sur sa bête,
En s'éloignant, me fit un signe de la tête

Et me cria (j'entends *encore* cette voix) :
« Au moins, prudence! Car c'est bon pour une fois. »

## II

J'avais peiné comme Sisyphe
Et comme Hercule travaillé
Contre la chair qui se rebiffe.

J'avais lutté, j'avais baillé
Des coups à trancher des montagnes,
Et comme Achille ferraillé.

Farouche ami qui m'accompagnes,
Tu le sais, courage païen,
Si nous en fîmes, des campagnes,

Si nous avons négligé rien
Dans cette guerre exténuante,
Si nous avons travaillé bien!

Le tout en vain : l'âpre géante
À mon effort de tout côté
Opposait sa ruse ambiante,

Et toujours un lâche abrité
Dans mes conseils qu'il environne
Livrait les clefs de la cité.

Que ma chance fût male ou bonne,
Toujours un parti de mon cœur
Ouvrait sa porte à la Gorgone.

Toujours l'ennemi suborneur
Savait envelopper d'un piège
Même la victoire et l'honneur!

J'étais le vaincu qu'on assiège,
Prêt à vendre son sang bien cher,
Quand, blanche, en vêtement de neige,

Toute belle, au front humble et fier,
Une Dame vint sur la nue,
Qui d'un signe fit fuir la chair.

Dans une tempête inconnue
De rage et de cris inhumains,
Et déchirant sa gorge nue,

Le Monstre reprit ses chemins
Par les bois pleins d'amours affreuses,
Et la Dame, joignant les mains :

« Mon pauvre combattant qui creuses,
Dit-elle, ce dilemme en vain,
Trêve aux victoires malheureuses!

« Il t'arrive un secours divin
Dont je suis sûre messagère
Pour ton salut, possible enfin! »

— « Ô ma Dame dont la voix chère
Encourage un blessé jaloux
De voir finir l'atroce guerre,

« Vous qui parlez d'un ton si doux
En m'annonçant de bonnes choses,
Ma Dame, qui donc êtes-vous? »

— « J'étais née avant toutes causes
Et je verrai la fin de tous
Les effets, étoiles et roses.

« En même temps, bonne, sur vous,
Hommes faibles et pauvres femmes,
Je pleure, et je vous trouve fous !

« Je pleure sur vos tristes âmes,
J'ai l'amour d'elles, j'ai la peur
D'elles et de leurs vœux infâmes !

« Ô ceci n'est pas le bonheur.
Veillez, Quelqu'un l'a dit que j'aime,
Veillez, crainte du Suborneur !

« Veillez, crainte du Jour suprême !
Qui je suis ? me demandais-tu.
Mon nom courbe les anges même,

« Je suis le cœur de la vertu,
Je suis l'âme de la sagesse,
Mon nom brûle l'Enfer têtu,

« Je suis la douceur qui redresse,
J'aime tous et n'accuse aucun,
Mon nom, seul, se nomme promesse,

« Je suis l'unique hôte opportun,
Je parle au Roi le vrai langage
Du matin rose et du soir brun,

« Je suis la PRIÈRE, et mon gage
C'est ton vice en déroute au loin.
Ma condition : « Toi, sois sage. »

— « Oui, ma Dame, et soyez témoin ! »

### III

Qu'en dis-tu, voyageur, des pays et des gares ?
Du moins as-tu cueilli l'ennui, puisqu'il est mûr,
Toi que voilà fumant de maussades cigares,
Noir, projetant une ombre absurde sur le mur ?

Tes yeux sont aussi morts depuis les aventures,
Ta grimace est la même et ton deuil est pareil :
Telle la lune vue à travers des mâtures,
Telle la vieille mer sous le jeune soleil,

Tel l'ancien cimetière aux tombes toujours neuves
Mais voyons, et dis-nous les récits devinés,
Ces désillusions pleurant le long des fleuves,
Ces dégoûts comme autant de fades nouveau-nés,

Ces femmes ! Dis les gaz, et l'horreur identique
Du mal toujours, du laid partout sur tes chemins,
Et dis l'Amour et dis encor la Politique
Avec du sang déshonoré d'encre à leurs mains.

Et puis surtout ne va pas t'oublier toi-même,
Traînassant ta faiblesse et ta simplicité
Partout où l'on bataille et partout où l'on aime,
D'une façon si triste et folle, en vérité !

A-t-on assez puni cette lourde innocence ?
Qu'en dis-tu ? L'homme est dur, mais la femme ? Et tes
                                                    [pleurs,
Qui les a bus ? Et quelle âme qui les recense
Console ce qu'on peut appeler tes malheurs ?

Ah, les autres, ah toi ! Crédule à qui te flatte,
Toi qui rêvais (c'était trop excessif, aussi)

Je ne sais quelle mort légère et délicate!
Ah toi, l'espèce d'ange avec ce vœu transi!

Mais maintenant les plans, les buts? Es-tu de force,
Ou si d'avoir pleuré t'a détrempé le cœur?
L'arbre est tendre s'il faut juger d'après l'écorce,
Et tes aspects ne sont pas ceux d'un grand vainqueur.

Si gauche encore! avec l'aggravation d'être
Une sorte à présent d'idyllique engourdi
Qui surveille le ciel bête par la fenêtre
Ouverte aux yeux matois du démon de midi.

Si le même dans cette extrême décadence!
Enfin! — Mais à ta place un être avec du sens,
Payant les violons, voudrait mener la danse,
Au risque d'alarmer quelque peu les passants.

N'as-tu pas, en fouillant les recoins de ton âme,
Un beau vice à tirer comme un sabre au soleil,
Quelque vice joyeux, effronté, qui s'enflamme
Et vibre, et darde rouge au front du ciel vermeil?

Un ou plusieurs? Si oui, tant mieux! Et pars bien vite
En guerre, et bats d'estoc et de taille, sans choix
Surtout, et mets ce masque indolent où s'abrite
La haine inassouvie et repue à la fois...

Il faut n'être pas dupe en ce farceur de monde
Où le bonheur n'a rien d'exquis et d'alléchant
S'il n'y frétille un peu de pervers et d'immonde,
Et pour n'être pas dupe il faut être méchant.

— Sagesse humaine, ah, j'ai les yeux sur d'autres choses,
Et parmi ce passé dont ta voix décrivait
L'ennui, pour des conseils encore plus moroses,
Je ne me souviens plus que du mal que j'ai fait.

Dans tous les mouvements bizarres de ma vie,
De mes « malheurs », selon le moment et le lieu,
Des autres et de moi, de la route suivie,
Je n'ai rien retenu que la grâce de Dieu.

Si je me sens puni, c'est que je le dois être,
Ni l'homme ni la femme ici ne sont pour rien.
Mais j'ai le ferme espoir d'un jour pouvoir connaître
Le pardon et la paix promis à tout Chrétien.

Bien, de n'être pas dupe en ce monde d'une heure,
Mais pour ne l'être pas durant l'éternité,
Ce qu'il faut à tout prix qui règne et qui demeure,
Ce n'est pas la méchanceté, c'est la bonté.


## IV


Malheureux! Tous les dons, la gloire du baptême,
Ton enfance chrétienne, une mère qui t'aime,
La force et la santé comme le pain et l'eau,
Cet avenir enfin, décrit dans le tableau
De ce passé plus clair que le jeu des marées,
Tu pilles tout, tu perds en viles simagrées
Jusqu'aux derniers pouvoirs de ton esprit, hélas!
La malédiction de n'être jamais las
Suit tes pas sur le monde où l'horizon t'attire,
L'enfant prodigue avec des gestes de satyre!
Nul avertissement, douloureux ou moqueur,
Ne prévaut sur l'élan funeste de ton cœur.
Tu flânes à travers péril et ridicule,
Avec l'irresponsable audace d'un Hercule
Dont les travaux seraient fous, nécessairement.
L'amitié — dame! — a tu son reproche clément,
Et chaste, et sans aucun espoir que le suprême,
Vient prier, comme au lit d'un mourant qui blasphème.

La patrie oubliée est dure au fils affreux,
Et le monde alentour dresse ses buissons creux
Où ton désir mauvais s'épuise en flèches mortes.
Maintenant il te faut passer devant les portes,
Hâtant le pas de peur qu'on ne lâche le chien,
Et si tu n'entends pas rire, c'est encor bien.
Malheureux, toi Français, toi Chrétien, quel dommage!
Mais tu vas, la pensée obscure de l'image
D'un bonheur qu'il te faut immédiat, étant
Athée (avec la foule) et jaloux de l'instant,
Tout appétit parmi ces appétits féroces,
Épris de la fadaise actuelle, mots, noces
Et festins, la « Science », et l' « esprit de Paris »,
Tu vas magnifiant ce par quoi tu péris,
Imbécile! et niant le soleil qui t'aveugle!
Tout ce que les temps ont de bête paît et beugle
Dans ta cervelle, ainsi qu'un troupeau dans un pré,
Et les vices de tout le monde ont émigré
Pour ton sang dont le fer lâchement s'étiole.
Tu n'es plus bon à rien de propre, ta parole
Est morte de l'argot et du ricanement,
Et d'avoir rabâché les bourdes du moment.
Ta mémoire, de tant d'obscénités bondée,
Ne saurait accueillir la plus petite idée,
Et patauge parmi l'égoïsme ambiant,
En quête d'on ne peut dire quel vil néant!
Seul, entre les débris honnis de ton désastre,
L'Orgueil, qui met la flamme au front du poétastre
Et fait au criminel un prestige odieux,
Seul, l'Orgueil est vivant, il danse dans tes yeux,
Il regarde la Faute et rit de s'y complaire.

— Dieu des humbles, sauvez cet enfant de colère!

## V

Beauté des femmes, leur faiblesse, et ces mains pâles
Qui font souvent le bien et peuvent tout le mal,
Et ces yeux, où plus rien ne reste d'animal
Que juste assez pour dire : « assez » aux fureurs mâles !

Et toujours, maternelle endormeuse des râles,
Même quand elle ment, cette voix ! Matinal
Appel, ou chant bien doux à vêpre, ou frais signal,
Ou beau sanglot qui va mourir au pli des châles !...

Hommes durs ! Vie atroce et laide d'ici-bas !
Ah ! que du moins, loin des baisers et des combats,
Quelque chose demeure un peu sur la montagne,

Quelque chose du cœur enfantin et subtil,
Bonté, respect ! Car, qu'est-ce qui nous accompagne,
Et vraiment, quand la mort viendra, que reste-t-il ?

## VI

Ô vous, comme un qui boite au loin, Chagrins et Joies,
Toi, cœur saignant d'hier qui flambes aujourd'hui,
C'est vrai pourtant que c'est fini, que tout a fui
De nos sens, aussi bien les ombres que les proies.

Vieux bonheurs, vieux malheurs, comme une file d'oies
Sur la route en poussière où tous les pieds ont lui,
Bon voyage ! Et le Rire, et, plus vielle que lui,
Toi, Tristesse, noyée au vieux noir que tu broies !

Et le reste! — Un doux vide, un grand renoncement,
Quelqu'un en nous qui sent la paix immensément,
Une candeur d'âme d'une fraîcheur délicieuse...

Et voyez! notre cœur qui saignait sous l'orgueil,
Il flambe dans l'amour, et s'en va faire accueil
À la vie, en faveur d'une mort précieuse!

## VII

Les faux beaux jours ont lui tout le jour, ma pauvre âme,
Et les voici vibrer aux cuivres du couchant.
Ferme les yeux, pauvre âme, et rentre sur-le-champ :
Une tentation des pires. Fuis l'Infâme.

Ils ont lui tout le jour en longs grêlons de flamme,
Battant toute vendange aux collines, couchant
Toute moisson de la vallée, et ravageant
Le ciel tout bleu, le ciel chanteur qui te réclame.

Ô pâlis, et va-t'en, lente et joignant les mains.
Si ces hiers allaient manger nos beaux demains ?
Si la vieille folie était encore en route ?

Ces souvenirs, va-t-il falloir les retuer ?
Un assaut furieux, le suprême sans doute!
Ô, va prier contre l'orage, va prier.

## VIII

La vie humble aux travaux ennuyeux et faciles
Est une œuvre de choix qui veut beaucoup d'amour.
Rester gai quand le jour, triste, succède au jour,
Être fort, et s'user en circonstances viles,

N'entendre, n'écouter aux bruits des grandes villes
Que l'appel, ô mon Dieu, des cloches dans la tour,
Et faire un de ces bruits soi-même, cela pour
L'accomplissement vil de tâches puériles,

Dormir chez les pécheurs étant un pénitent,
N'aimer que le silence et converser pourtant;
Le temps si long dans la patience si grande,

Le scrupule naïf aux repentirs têtus,
Et tous ces soins autour de ces pauvres vertus!
— Fi, dit l'Ange gardien, de l'orgueil qui marchande!


## IX


Sagesse d'un Louis Racine, je t'envie!
Ô n'avoir pas suivi les leçons de Rollin,
N'être pas né dans le grand siècle à son déclin,
Quand le soleil couchant, si beau, dorait la vie,

Quand Maintenon jetait sur la France ravie
L'ombre douce et la paix de ses coiffes de lin,
Et, royale, abritait la veuve et l'orphelin,
Quand l'étude de la prière était suivie,

Quand poète et docteur, simplement, bonnement,
Communiaient avec des ferveurs de novices,
Humbles servaient la Messe et chantaient aux offices

Et, le printemps venu, prenaient un soin charmant
D'aller dans les Auteuils cueillir lilas et roses
En louant Dieu, comme Garo, de toutes choses!

# X

Non. Il fut gallican, ce siècle, et janséniste !
C'est vers le Moyen Âge énorme et délicat
Qu'il faudrait que mon cœur en panne naviguât,
Loin de nos jours d'esprit charnel et de chair triste.

Roi, politicien, moine, artisan, chimiste,
Architecte, soldat, médecin, avocat,
Quel temps ! Oui, que mon cœur naufragé rembarquât
Pour toute cette force ardente, souple, artiste !

Et là que j'eusse part — quelconque, chez les rois
Ou bien ailleurs, n'importe, — à la chose vitale,
Et que je fusse un saint, actes bons, pensers droits,

Haute théologie et solide morale,
Guidé par la folie unique de la Croix
Sur tes ailes de pierre, ô folle Cathédrale !

# XI

Petits amis qui sûtes nous prouver
Par A plus B que deux et deux font quatre,
Mais qui, depuis, voulez parachever
Une victoire où l'on se laissait battre,

Et couronner vos conquêtes d'un coup
Par ce soufflet à la mémoire humaine :
« Dieu ne vous a révélé rien du tout,
Car nous disons qu'il n'est que l'ombre vaine,

Que le profil et que l'allongement,
Sur tous les murs que la peur édifie,
De votre pur et simple mouvement,
Et nous dictons cette philosophie ! »

— Frères trop chers, laissez-nous rire un peu,
Nous les fervents d'une logique rance,
Qui justement n'avons de foi qu'en Dieu
Et mettons notre espoir dans l'Espérance,

Laissez-nous rire un peu, pleurer aussi,
Pleurer sur vous, rire du vieux blasphème,
Rire du vieux Satan stupide ainsi,
Pleurer sur cet Adam dupe quand même !

Frères de nous qui payons vos orgueils,
Tous fils du même Amour, ah ! la science,
Allons donc, allez donc, c'est nos cercueils
Naïfs ou non, c'est notre méfiance

Ou notre confiance aux seuls Récits,
C'est notre oreille ouverte toute grande
Ou tristement fermée au Mot précis !
Frères, lâchez la science gourmande

Qui veut voler sur les ceps défendus
Le fruit sanglant qu'il ne faut pas connaître.
Lâchez son bras qui vous tient attendus
Pour des enfers que Dieu n'a pas fait naître,

Mais qui sont l'œuvre affreuse du péché,
Car nous, les fils attentifs de l'Histoire,
Nous tenons pour l'honneur jamais taché
De la Tradition, supplice et gloire !

Nous sommes sûrs des Aïeux nous disant
Qu'ils ont vu Dieu sous telle et telle forme,
Et prédisant aux crimes d'*à présent*
La peine immense ou le pardon énorme.

Puisqu'ils avaient vu Dieu présent toujours,
Puisqu'ils ne mentaient pas, puisque nos crimes
Vont effrayants, puisque vos yeux sont courts
Et puisqu'il est des repentirs sublimes,

Ils ont dit tout. Savoir le reste est bien :
Que deux et deux fassent quatre, à merveille!
Riens innocents, mais des riens moins que rien,
La dernière heure étant là qui surveille

Tout autre soin dans l'homme en vérité!
Gardez que trop chercher ne vous séduise
Loin d'une sage et forte humilité...
Le seul savant, c'est encore Moïse!

## XII

Or, vous voici promus, petits amis,
Depuis les temps de ma lettre première,
Promus, disais-je, aux fiers emplois promis
À votre thèse, en ces jours de lumière.

Vous voici rois de France! À votre tour!
(Rois à plusieurs d'une France postiche,
Mais rois de fait et non sans quelque amour
D'un trône lourd avec un budget riche.)

À l'œuvre, amis petits! Nous avons droit
De vous y voir, payant de notre poche,
Et d'être un peu réjouis à l'endroit
De votre état sans peur et sans reproche.

Sans peur? Du maître? Ô le maître, mais c'est
L'Ignorant-chiffre et le Suffrage-nombre,
Total, le peuple, « un âne » fort qui « s'est
Cabré » pour vous, espoir clair, puis fait sombre,

Cabré comme une chèvre, c'est le mot,
Et votre bras, saignant jusqu'à l'aisselle,
S'efforce en vain : fort comme Béhémot,
Le monstre tire... et votre peur est telle

Que l'âne brait, que le voilà parti
Qui par les dents vous boute cent ruades
En forme de reproche bien senti...
Courez après, frottant vos reins malades!

Ô Peuple, nous t'aimons immensément :
N'es-tu donc pas la pauvre âme ignorante
En proie à tout ce qui sait et qui ment?
N'es-tu donc pas l'immensité souffrante?

La charité nous fait chercher tes maux,
La foi nous guide à travers tes ténèbres.
On t'a rendu semblable aux animaux,
Moins leur candeur, et plein d'instincts funèbres.

L'orgueil t'a pris en ce quatre-vingt-neuf,
Nabuchodonosor, et te fait paître,
Âne obstiné, mouton buté, dur bœuf,
Broutant pouvoir, famille, soldat, prêtre!

Ô paysan cassé sur tes sillons,
Pâle ouvrier qu'esquinte la machine,
Membres sacrés de Jésus-Christ, allons,
Relevez-vous, honorez votre échine,

Portez l'amour qu'il faut à vos bras forts,
Vos pieds vaillants sont les plus beaux du monde,
Respectez-les, fuyez ces chemins tors,
Fermez l'oreille à ce conseil immonde,

Redevenez les Français d'autrefois,
Fils de l'Église, et dignes de vos pères!
Ô s'ils savaient ceux-ci sur vos pavois,
Leurs os sueraient de honte aux cimetières.

— Vous, nos tyrans minuscules d'un jour,
(L'énormité des actes rend les princes
Surtout de souche impure, et malgré cour
Et splendeur et le faste, encor plus minces),

Laissez le règne et rentrez dans le rang.
Aussi bien l'heure est proche où la tourmente
Vous va donner des loisirs, et tout blanc
L'avenir flotte avec sa fleur charmante

Sur la Bastille absurde où vous teniez
La France aux fers d'un blasphème et d'un schisme,
Et la chronique en de cléments Téniers
Déjà vous peint allant au catéchisme.


## XIII


Prince mort en soldat à cause de la France,
        Âme certes élue,
Fier jeune homme si pur tombé plein d'espérance,
        Je t'aime et te salue!

Ce monde est si mauvais, notre pauvre patrie
        Va sous tant de ténèbres,
Vaisseau désemparé dont l'équipage crie
        Avec des voix funèbres,

Ce siècle est un tel ciel tragique où les naufrages
        Semblent écrits d'avance...
Ma jeunesse, élevée aux doctrines sauvages,
        Détesta ton enfance,

Et plus tard, cœur pirate épris des seules côtes
        Où la révolte naisse,
Mon âge d'homme, noir d'orages et de fautes,
        Abhorrait ta jeunesse.

Maintenant j'aime Dieu dont l'amour et la foudre
    M'ont fait une âme neuve,
Et maintenant que mon orgueil réduit en poudre,
    Humble, accepte l'épreuve,

J'admire ton destin, j'adore, tout en larmes
    Pour les pleurs de ta mère,
Dieu qui te fit mourir, beau prince, sous les armes,
    Comme un héros d'Homère.

Et je dis, réservant d'ailleurs mon vœu suprême
    Au lys de Louis Seize :
Napoléon, qui fus digne du diadème,
    Gloire à ta mort française!

Et priez bien pour nous, pour cette France ancienne,
    Aujourd'hui vraiment « Sire »,
Dieu qui vous couronna, sur la terre païenne,
    Bon chrétien, du martyre!


## XIV


Vous reviendrez bientôt les bras pleins de pardons
    Selon votre coutume,
Ô Pères excellents qu'aujourd'hui nous perdons
    Pour comble d'amertume.

Vous reviendrez, vieillards exquis, avec l'honneur,
    Avec la Fleur chérie,
Et que de pleurs joyeux, et quels cris de bonheur
    Dans toute la patrie!

Vous reviendrez, après ces glorieux exils,
    Après des moissons d'âmes,
Après avoir prié pour ceux-ci, fussent-ils
    Encore plus infâmes,

Après avoir couvert les îles et la mer
        De votre ombre si douce
Et réjoui le ciel et consterné l'enfer,
        Béni qui vous repousse,

Béni qui vous dépouille au cri de liberté,
        Béni l'impie en armes,
Et l'enfant qu'il vous prend des bras, — et racheté
        Nos crimes par vos larmes!

Proscrits des jours, vainqueurs des temps, non point
                                                    [adieu,
        Vous êtes l'espérance.
À tantôt, Pères saints, qui nous vaudrez de Dieu
        Le salut pour la France!


## XV


On n'offense que Dieu qui seul pardonne.
                                        Mais
On contriste son frère, on l'afflige, on le blesse,
On fait gronder sa haine ou pleurer sa faiblesse,
Et c'est un crime affreux qui va troubler la paix
Des simples, et donner au monde sa pâture,
Scandale, cœurs perdus, gros mots et rire épais.

Le plus souvent, par un effet de la nature
Des choses, ce péché trouve son châtiment
Même ici-bas, féroce et long, communément.
Mais l'*Amour* tout-puissant donne à la créature
Le sens de son malheur qui mène au repentir
Par une route lente et haute, mais très sûre.

Alors un grand désir, un seul, vient investir
Le pénitent, après les premières alarmes,

Et c'est d'humilier son front devant les larmes
De naguère, sans rien qui pourrait amortir
Le coup droit pour l'orgueil, et de rendre les armes
Comme un soldat vaincu, — triste, de bonne foi.

Ô ma sœur, qui m'avez puni, pardonnez-moi!


## XVI

Écoutez la chanson bien douce
Qui ne pleure que pour vous plaire.
Elle est discrète, elle est légère :
Un frisson d'eau sur de la mousse!

La voix vous fut connue (et chère!),
Mais à présent elle est voilée
Comme une veuve désolée,
Pourtant comme elle encore fière,

Et dans les longs plis de son voile
Qui palpite aux brises d'automne,
Cache et montre au cœur qui s'étonne
La vérité comme une étoile.

Elle dit, la voix reconnue,
Que la bonté c'est notre vie,
Que de la haine et de l'envie
Rien ne reste, la mort venue.

Elle parle aussi de la gloire
D'être simple sans plus attendre,
Et de noces d'or et du tendre
Bonheur d'une paix sans victoire.

Accueillez la voix qui persiste
Dans son naïf épithalame.
Allez, rien n'est meilleur à l'âme
Que de faire une âme moins triste!

Elle est *en peine* et *de passage*,
L'âme qui souffre sans colère,
Et comme sa morale est claire!...
Écoutez la chanson bien sage.

## XVII

Les chères mains qui furent miennes,
Toutes petites, toutes belles,
Après ces méprises mortelles
Et toutes ces choses païennes,

Après les rades et les grèves,
Et les pays et les provinces,
Royales mieux qu'au temps des princes,
Les chères mains m'ouvrent les rêves.

Mains en songe, mains sur mon âme,
Sais-je, moi, ce que vous daignâtes,
Parmi ces rumeurs scélérates,
Dire à cette âme qui se pâme?

Ment-elle, ma vision chaste
D'affinité spirituelle,
De complicité maternelle,
D'affection étroite et vaste?

Remords si cher, peine très bonne,
Rêves bénis, mains consacrées,
Ô ces mains, ces mains vénérées,
Faites le geste qui pardonne!

## XVIII

Et j'ai revu l'enfant unique : il m'a semblé
Que s'ouvrait dans mon cœur la dernière blessure,
Celle dont la douleur plus exquise m'assure
D'une mort désirable en un jour consolé.

La bonne flèche aiguë et sa fraîcheur qui dure!
En ces instants choisis elles ont éveillé
Les rêves un peu lourds du scrupule ennuyé,
Et tout mon sang chrétien chanta la Chanson pure.

J'entends encor, je vois encor! Loi du devoir
Si douce! Enfin, je sais ce qu'est entendre et voir,
J'entends, je vois toujours! Voix des bonnes pensées!

Innocence, avenir! Sage et silencieux,
Que je vais vous aimer, vous un instant pressées,
Belles petites mains qui fermerez nos yeux!

## XIX

Voix de l'Orgueil : un cri puissant comme d'un cor,
Des étoiles de sang sur des cuirasses d'or.
On trébuche à travers des chaleurs d'incendie...
Mais en somme la voix s'en va, comme d'un cor.

Voix de la Haine : cloche en mer, fausse, assourdie
De neige lente. Il fait si froid! Lourde, affadie,
La vie a peur et court follement sur le quai
Loin de la cloche qui devient plus assourdie.

Voix de la Chair : un gros tapage fatigué.
Des gens ont bu. L'endroit fait semblant d'être gai.
Des yeux, des noms, et l'air plein de parfums atroces
Où vient mourir le gros tapage fatigué.

Voix d'Autrui : des lointains dans des brouillards. Des
[noces
Vont et viennent. Des tas d'embarras. Des négoces,
Et tout le cirque des civilisations
Au son trotte-menu du violon des noces.

Colères, soupirs noirs, regrets, tentations
Qu'il a fallu pourtant que nous entendissions
Pour l'assourdissement des silences honnêtes,
Colères, soupirs noirs, regrets, tentations,

Ah, les Voix, mourez donc, mourantes que vous êtes,
Sentences, mots en vain, métaphores mal faites,
Toute la rhétorique en fuite des péchés,
Ah, les Voix, mourez donc, mourantes que vous êtes !

Nous ne sommes plus ceux que vous auriez cherchés.
Mourez à nous, mourez aux humbles vœux cachés
Que nourrit la douceur de la Parole forte,
Car notre cœur n'est plus de ceux que vous cherchez !

Mourez parmi la voix que la Prière emporte
Au ciel, dont elle seule ouvre et ferme la porte
Et dont elle tiendra les sceaux au dernier jour,
Mourez parmi la voix que la Prière apporte,

Mourez parmi la voix terrible de l'Amour !


## XX


L'ennemi se déguise en l'Ennui
Et me dit : « À quoi bon, pauvre dupe ? »

Moi je passe et me moque de lui.
L'ennemi se déguise en la Chair
Et me dit : « Bah, retrousse une jupe! »
Moi j'écarte le conseil amer.

L'ennemi se transforme en un Ange
De lumière et dit : « Qu'est ton effort
À côté des tributs de louange
Et de Foi dus au Père céleste?
Ton amour va-t-il jusqu'à la mort? »
Je réponds : « L'Espérance me reste. »

Comme c'est le vieux logicien,
Il a fait bientôt de me réduire
À ne plus *vouloir* répliquer rien.
Mais sachant *qui c'est,* épouvanté
De ne plus sentir les mondes luire,
Je prierai pour de l'humilité.


## XXI


Va ton chemin sans plus t'inquiéter!
La route est droite et tu n'as qu'à monter,
Portant ailleurs le seul trésor qui vaille,
Et l'arme unique au cas d'une bataille :
La pauvreté d'esprit et Dieu pour toi.

Surtout il faut garder toute espérance.
Qu'importe un peu de nuit et de souffrance?
La route est bonne et la mort est au bout.
Oui, garde toute espérance surtout :
La mort là-bas te dresse un lit de joie.

Et fais-toi doux de toute la douceur.
La vie est laide, encore c'est ta sœur.

Simple, gravis la côte et même chante,
Pour écarter la prudence méchante
Dont la voix basse est pour tenter ta foi.

Simple comme un enfant, gravis la côte,
Humble comme un pécheur qui hait la faute,
Chante, et même sois gai, pour défier
L'ennui que l'ennemi peut t'envoyer
Afin que tu t'endormes sur la voie.

Ris du vieux Piège et du vieux Séducteur,
Puisque la Paix est là, sur la hauteur,
Qui luit parmi des fanfares de gloire.
Monte, ravi, dans la nuit blanche et noire.
Déjà l'Ange Gardien étend sur toi

Joyeusement des ailes de victoire.


## XXII

Pourquoi triste, ô mon âme,
Triste jusqu'à la mort,
Quand l'effort te réclame,
Quand le suprême effort
Est là qui te réclame?

Ah! tes mains que tu tords
Au lieu d'être à la tâche,
Tes lèvres que tu mords
Et leur silence lâche,
Et tes yeux qui sont morts!

N'as-tu pas l'espérance
De la fidélité,
Et, pour plus d'assurance
Dans la sécurité,
N'as-tu pas la souffrance?

Mais chasse le sommeil
Et ce rêve qui pleure.
Grand jour et plein soleil !
Vois, il est plus que l'heure :
Le ciel bruit, vermeil,

Et la lumière crue
Découpant d'un trait noir
Toute chose apparue
Te montre le Devoir
Et sa forme bourrue.

Marche à lui vivement,
Tu verras disparaître
Tout aspect inclément
De sa manière d'être,
Avec l'éloignement.

C'est le dépositaire
Qui te garde un trésor
D'amour et de mystère,
Plus précieux que l'or,
Plus sûr que rien sur terre,

Les biens qu'on ne voit pas,
Toute joie inouïe,
Votre paix, saints combats,
L'extase épanouie
Et l'oubli d'ici-bas,

Et l'oubli d'ici-bas !


## XXIII


Né l'enfant des grandes villes
Et des révoltes serviles,

J'ai là tout cherché, trouvé,
De tout appétit rêvé...
Mais, puisque rien n'en demeure,

J'ai dit un adieu léger
À tout ce qui peut changer,
Au plaisir, au bonheur même,
Et même à tout ce que j'aime
Hors de vous, mon doux Seigneur!

La Croix m'a pris sur ses ailes
Qui m'emporte aux meilleurs zèles,
Silence, expiation,
Et l'âpre vocation
Pour la vertu qui s'ignore.

Douce, chère Humilité,
Arrose ma charité,
Trempe-la de tes eaux vives,
Ô mon cœur, que tu ne vives
Qu'aux fins d'une bonne mort!


## XXIV


L'âme antique était rude et vaine
Et ne voyait dans la douleur
Que l'acuité de la peine
Ou l'étonnement du malheur.

L'art, sa figure la plus claire,
Traduit ce double sentiment
Par deux grands types de la Mère
En proie au suprême tourment.

C'est la vieille reine de Troie :
Tous ses fils sont morts par le fer.
Alors ce deuil brutal aboie
Et glapit au bord de la mer.

Elle court le long du rivage,
Bavant vers le flot écumant,
Hirsute, criarde, sauvage,
La chienne littéralement!...

Et c'est Niobé qui s'effare
Et garde fixement des yeux
Sur les dalles de pierre rare
Ses enfants tués par les dieux.

Le souffle expire sur sa bouche,
Elle meurt dans un geste fou.
Ce n'est plus qu'un marbre farouche
Là transporté nul ne sait d'où!...

La douleur chrétienne est immense,
Elle, comme le cœur humain.
Elle souffre, puis elle pense,
Et calme poursuit son chemin.

Elle est debout sur le Calvaire
Pleine de larmes et sans cris.
C'est également une Mère,
Mais quelle Mère de quel Fils!

Elle participe au Supplice
Qui sauve toute nation,
Attendrissant le sacrifice
Par sa vaste compassion.

Et comme tous sont les fils d'Elle,
Sur le monde et sur sa langueur
Toute la Charité ruisselle
Des sept Blessures de son cœur!

Au jour qu'il faudra, pour la gloire
Des cieux enfin tout grands ouverts,
Ceux qui surent et purent croire,
Bons et doux, sauf au seul Pervers,

Ceux-là, vers la joie infinie
Sur la colline de Sion,
Monteront, d'une aile bénie,
Aux plis de son assomption.

## II

### I

Ô mon Dieu, vous m'avez blessé d'amour
Et la blessure est encore vibrante,
Ô mon Dieu, vous m'avez blessé d'amour.

Ô mon Dieu, votre crainte m'a frappé
Et la brûlure est encor là qui tonne,
Ô mon Dieu, votre crainte m'a frappé.

Ô mon Dieu, j'ai connu que tout est vil
Et votre gloire en moi s'est installée,
Ô mon Dieu, j'ai connu que tout est vil.

Noyez mon âme aux flots de votre Vin,
Fondez ma vie au Pain de votre table,
Noyez mon âme aux flots de votre Vin.

Voici mon sang que je n'ai pas versé,
Voici ma chair indigne de souffrance,
Voici mon sang que je n'ai pas versé.

Voici mon front qui n'a pu que rougir,
Pour l'escabeau de vos pieds adorables,
Voici mon front qui n'a pu que rougir.

Voici mes mains qui n'ont pas travaillé,
Pour les charbons ardents et l'encens rare,
Voici mes mains qui n'ont pas travaillé.

Voici mon cœur qui n'a battu qu'en vain,
Pour palpiter aux ronces du Calvaire,
Voici mon cœur qui n'a battu qu'en vain.

Voici mes pieds, frivoles voyageurs,
Pour accourir au cri de votre grâce,
Voici mes pieds, frivoles voyageurs.

Voici ma voix, bruit maussade et menteur,
Pour les reproches de la Pénitence,
Voici ma voix, bruit maussade et menteur.

Voici mes yeux, luminaires d'erreur,
Pour être éteints aux pleurs de la prière,
Voici mes yeux, luminaires d'erreur.

Hélas! Vous, Dieu d'offrande et de pardon,
Quel est le puits de mon ingratitude,
Hélas! Vous, Dieu d'offrande et de pardon,

Dieu de terreur et Dieu de sainteté,
Hélas! ce noir abîme de mon crime,
Dieu de terreur et Dieu de sainteté,

Vous, Dieu de paix, de joie et de bonheur,
Toutes mes peurs, toutes mes ignorances,
Vous, Dieu de paix, de joie et de bonheur,

Vous connaissez tout cela, tout cela,
Et que je suis plus pauvre que personne,
Vous connaissez tout cela, tout cela,

Mais ce que j'ai, mon Dieu, je vous le donne.


## II


Je ne veux plus aimer que ma mère Marie.
Tous les autres amours sont de commandement.
Nécessaires qu'ils sont, ma mère seulement
Pourra les allumer aux cœurs qui l'ont chérie.

C'est pour Elle qu'il faut chérir mes ennemis,
C'est par Elle que j'ai voué ce sacrifice,
Et la douceur de cœur et le zèle au service,
Comme je la priais, Elle les a permis.

Et comme j'étais faible et bien méchant encore,
Aux mains lâches, les yeux éblouis des chemins,
Elle baissa mes yeux et me joignit les mains,
Et m'enseigna les mots par lesquels on adore.

C'est par Elle que j'ai voulu de ces chagrins,
C'est pour Elle que j'ai mon cœur dans les Cinq Plaies,
Et tous ces bons efforts vers les croix et les claies,
Comme je l'invoquais, Elle en ceignit mes reins.

Je ne veux plus penser qu'à ma mère Marie,
Siège de la Sagesse et source des pardons,
Mère de France aussi, de qui nous attendons
Inébranlablement l'honneur de la patrie.

Marie Immaculée, amour essentiel,
Logique de la foi cordiale et vivace,
En vous aimant qu'est-il de bon que je ne fasse,
En vous aimant du seul amour, Porte du ciel?

## III

Vous êtes calme, vous voulez un vœu discret,
Des secrets à mi-voix dans l'ombre et le silence,
Le cœur qui se répand plutôt qu'il ne s'élance,
Et ces timides, moins transis qu'il ne paraît.

Vous accueillez d'un geste exquis telles pensées
Qui ne marchent qu'en ordre et font le moins de bruit.
Votre main, toujours prête à la chute du fruit,
Patiente avec l'arbre et s'abstient de poussées.

Et si l'immense amour de vos commandements
Embrasse et presse tout en sa sollicitude,
Vos conseils vont dicter aux meilleurs et l'étude
Et le travail des plus humbles recueillements.

Le pécheur, s'il prétend vous connaître et vous plaire,
Ô vous qui nous aimant si fort parliez si peu,
Doit et peut, à tout temps du jour comme en tout lieu,
Bien faire obscurément son devoir et se taire,

Se taire pour le monde, un pur sénat de fous,
Se taire sur autrui, des âmes précieuses,
Car nous taire vous plaît, même aux heures pieuses,
Même à la mort, sinon devant le prêtre et vous.

Donnez-leur le silence et l'amour du mystère,
Ô Dieu glorifieur du bien fait en secret,
À ces timides moins transis qu'il ne paraît,
Et l'horreur, et le pli des choses de la terre,

Donnez-leur, ô mon Dieu, la résignation,
Toute forte douceur, l'ordre et l'intelligence,
Afin qu'au jour suprême ils gagnent l'indulgence
De l'Agneau formidable en la neuve Sion,

Afin qu'ils puissent dire : « Au moins nous sûmes croire »
Et que l'Agneau terrible, ayant tout supputé,
Leur réponde : « Venez, vous avez mérité,
Pacifiques, ma paix, et douloureux, ma gloire. »


IV


I

Mon Dieu m'a dit : Mon fils, il faut m'aimer. Tu vois
Mon flanc percé, mon cœur qui rayonne et qui saigne,
Et mes pieds offensés que Madeleine baigne
De larmes, et mes bras douloureux sous le poids

De tes péchés, et mes mains ! Et tu vois la croix,
Tu vois les clous, le fiel, l'éponge, et tout t'enseigne
À n'aimer, en ce monde amer où la chair règne,
Que ma Chair et mon Sang, ma parole et ma voix.

Ne t'ai-je pas aimé jusqu'à la mort moi-même,
Ô mon frère en mon Père, ô mon fils en l'Esprit,
Et n'ai-je pas souffert, comme c'était écrit ?

N'ai-je pas sangloté ton angoisse suprême
Et n'ai-je pas sué la sueur de tes nuits,
Lamentable ami qui me cherches où je suis ?


II

J'ai répondu : Seigneur, vous avez dit mon âme.
C'est vrai que je vous cherche et ne vous trouve pas.
Mais vous aimer ! Voyez comme je suis en bas,
Vous dont l'amour toujours monte comme la flamme.

Vous, la source de paix que toute soif réclame,
Hélas! voyez un peu tous mes tristes combats!
Oserai-je adorer la trace de vos pas,
Sur ces genoux saignants d'un rampement infâme?

Et pourtant je vous cherche en longs tâtonnements,
Je voudrais que votre ombre au moins vêtît ma honte,
Mais vous n'avez pas d'ombre, ô vous dont l'amour
[monte,

Ô vous, fontaine calme, amère aux seuls amants
De leur damnation, ô vous, toute lumière,
Sauf aux yeux dont un lourd baiser tient la paupière!

### III

— Il faut m'aimer! Je suis l'universel Baiser,
Je suis cette paupière et je suis cette lèvre
Dont tu parles, ô cher malade, et cette fièvre
Qui t'agite, c'est moi toujours! Il faut oser

M'aimer! Oui, mon amour monte sans biaiser
Jusqu'où ne grimpe pas ton pauvre amour de chèvre,
Et t'emportera, comme un aigle vole un lièvre,
Vers des serpolets qu'un ciel cher vient arroser!

Ô ma nuit claire! ô tes yeux dans mon clair de lune!
Ô ce lit de lumière et d'eau parmi la brune!
Toute cette innocence et tout ce reposoir!

Aime-moi! Ces deux mots sont mes verbes suprêmes,
Car étant ton Dieu tout-puissant, je peux *vouloir*,
Mais je ne veux d'abord que *pouvoir* que tu m'aimes.

### IV

— Seigneur, c'est trop! Vraiment je n'ose. Aimer qui?
[Vous?
Oh! non! Je tremble et n'ose. Oh! vous aimer, je n'ose,

Je ne veux pas! Je suis indigne. Vous, la Rose
Immense des purs vents de l'Amour, ô Vous, tous

Les cœurs des Saints, ô Vous qui fûtes le Jaloux
D'Israël, Vous, la chaste abeille qui se pose
Sur la seule fleur d'une innocence mi-close,
Quoi, *moi, moi,* pouvoir *Vous* aimer. Êtes-vous fous*,

Père, Fils, Esprit? Moi, ce pécheur-ci, ce lâche,
Ce superbe, qui fait le mal comme sa tâche
Et n'a dans tous ses sens, odorat, toucher, goût,

Vue, ouïe, et dans tout son être — hélas! dans tout
Son espoir et dans tout son remords, que l'extase
D'une caresse où le seul vieil Adam s'embrase?

V

— Il faut m'aimer. Je suis Ces Fous que tu nommais,
Je suis l'Adam nouveau qui mange le vieil homme,
Ta Rome, ton Paris, ta Sparte et ta Sodome,
Comme un pauvre rué parmi d'horribles mets.

Mon amour est le feu qui dévore à jamais
Toute chair insensée, et l'évapore comme
Un parfum, — et c'est le déluge qui consomme
En son flot tout mauvais germe que je semais,

Afin qu'un jour la Croix où je meurs fût dressée
Et que par un miracle effrayant de bonté
Je t'eusse un jour à moi, frémissant et dompté.

Aime. Sors de ta nuit. Aime. C'est ma pensée
De toute éternité, pauvre âme délaissée,
Que tu dusses m'aimer, moi seul qui suis resté!

* Saint Augustin.

## VI

— Seigneur, j'ai peur. Mon âme en moi tressaille toute.
Je vois, je sens qu'il faut vous aimer : mais comment
Moi, *ceci*, me ferai-je, ô Vous, Dieu, votre amant,
Ô Justice que la vertu des bons redoute ?

Oui, comment ? car voici que s'ébranle la voûte
Où mon cœur creusait son ensevelissement
Et que je sens fluer à moi le firmament,
Et je vous dis : de vous à moi quelle est la route ?

Tendez-moi votre main, que je puisse lever
Cette chair accroupie et cet esprit malade!
Mais recevoir jamais la céleste accolade,

Est-ce possible ? Un jour, pouvoir la retrouver
Dans votre sein, sur votre cœur qui fut le nôtre,
La place où reposa la tête de l'Apôtre ?

## VII

— Certes, si tu le veux mériter, mon fils, oui,
Et voici. Laisse aller l'ignorance indécise
De ton cœur vers les bras ouverts de mon Église
Comme la guêpe vole au lis épanoui.

Approche-toi de mon oreille. Épanches-y
L'humiliation d'une brave franchise.
Dis-moi tout sans un mot d'orgueil ou de reprise,
Et m'offre le bouquet d'un repentir choisi.

Puis franchement et simplement viens à ma Table
Et je t'y bénirai d'un repas délectable
Auquel l'ange n'aura lui-même qu'assisté,

Et tu boiras le Vin de la vigne immuable
Dont la force, dont la douceur, dont la bonté
Feront germer ton sang à l'immortalité.

Puis, va! Garde une foi modeste en ce mystère
D'amour par quoi je suis ta chair et ta raison,
Et surtout reviens très souvent dans ma maison,
Pour y participer au Vin qui désaltère,

Au Pain sans qui la vie est une trahison,
Pour y prier mon Père et supplier ma Mère
Qu'il te soit accordé, dans l'exil de la terre,
D'être l'agneau sans cris qui donne sa toison,

D'être l'enfant vêtu de lin et d'innocence,
D'oublier ton pauvre amour-propre et ton essence,
Enfin, de devenir un peu semblable à moi

Qui fus, durant les jours d'Hérode et de Pilate
Et de Judas et de Pierre, pareil à toi
Pour souffrir et mourir d'une mort scélérate!

Et pour récompenser ton zèle en ces devoirs
Si doux qu'ils sont encor d'ineffables délices,
Je te ferai goûter sur terre mes prémices,
La paix du cœur, l'amour d'être pauvre, et mes soirs

Mystiques, quand l'esprit s'ouvre aux calmes espoirs
Et croit boire, suivant ma promesse, au Calice
Éternel, et qu'au ciel pieux la lune glisse,
Et que sonnent les Angélus roses et noirs,

En attendant l'assomption dans ma lumière,
L'éveil sans fin dans ma charité coutumière,
La musique de mes louanges à jamais,

Et l'extase perpétuelle et la science,
Et d'être en moi parmi l'aimable irradiance
De tes souffrances, — enfin miennes, — que j'aimais!

## VIII

— Ah! Seigneur, qu'ai-je? Hélas! me voici tout en
[larmes
D'une joie extraordinaire : votre voix
Me fait comme du bien et du mal à la fois,
Et le mal et le bien, tout a les mêmes charmes.

Je ris, je pleure, et c'est comme un appel aux armes
D'un clairon pour des champs de bataille où je vois
Des anges bleus et blancs portés sur des pavois,
Et ce clairon m'enlève en de fières alarmes.

J'ai l'extase et j'ai la terreur d'être choisi.
Je suis indigne, mais je sais votre clémence.
Ah, quel effort, mais quelle ardeur! Et me voici

Plein d'une humble prière, encor qu'un trouble immense
Brouille l'espoir que votre voix me révéla,
Et j'aspire en tremblant...

## IX

— Pauvre âme, c'est cela!

## III

## I

Désormais le Sage, puni
Pour avoir trop aimé les choses,

Rendu prudent à l'infini,
Mais franc de scrupules moroses,

Et d'ailleurs retournant au Dieu
Qui fit les yeux et la lumière,
L'honneur, la gloire, et tout le peu
Qu'a son âme de candeur fière,

Le Sage peut, dorénavant,
Assister aux scènes du monde,
Et suivre la chanson du vent,
Et contempler la mer profonde.

Il ira, calme, et passera
Dans la férocité des villes,
Comme un mondain à l'Opéra
Qui sort blasé des danses viles.

Même, — et pour tenir abaissé
L'orgueil, qui fit son âme veuve,
Il remontera le passé,
— Ce passé — comme un mauvais fleuve!

Il reverra l'herbe des bords,
Il entendra le flot qui pleure
Sur le bonheur mort et les torts
De cette date et de cette heure!...

Il aimera les cieux, les champs,
La bonté, l'ordre et l'harmonie,
Et sera doux, même aux méchants,
Afin que leur mort soit bénie.

Délicat et non exclusif,
Il sera du jour où nous sommes!
Son cœur, plutôt contemplatif,
Pourtant saura l'œuvre des hommes :

Mais revenu des passions,
Un peu méfiant des « usages »,
À vos civilisations
Préférera les paysages.


## II


Du fond du grabat
As-tu vu l'étoile
Que l'hiver dévoile?
Comme ton cœur bat,
Comme cette idée,
Regret ou désir,
Ravage à plaisir
Ta tête obsédée,
Pauvre tête en feu,
Pauvre cœur sans dieu!

L'ortie et l'herbette
Au bas du rempart
D'où l'appel frais part
D'une aigre trompette,
Le vent du coteau,
La Meuse, la goutte
Qu'on boit sur la route
A chaque écriteau,
Les sèves qu'on hume,
Les pipes qu'on fume!

Un rêve de froid :
« Que c'est beau la neige
Et tout son cortège
Dans leur cadre étroit!
Oh! tes blancs arcanes,
Nouvelle Archangel,

Mirage éternel
De mes caravanes!
Oh! ton chaste ciel,
Nouvelle Archangel! »

Cette ville sombre!
Tout est crainte ici...
Le ciel est transi
D'éclairer tant d'ombre.
Les pas que tu fais
Parmi ces bruyères
Lèvent des poussières
Au souffle mauvais...
Voyageur si triste,
Tu suis quelle piste?

C'est l'ivresse à mort,
C'est la noire orgie,
C'est l'amer effort
De ton énergie
Vers l'oubli dolent
De la voix intime,
C'est le seuil du crime,
C'est l'essor sanglant.
— Oh! fuis la chimère!
Ta mère, ta mère!

Quelle est cette voix
Qui ment et qui flatte?
« O ta tête plate,
Vipère des bois! »
Pardon et mystère.
Laisse ça dormir.
Qui peut, sans frémir,
Juger sur la terre?
« Ah, pourtant, pourtant,
Ce monstre impudent! »

La mer! Puisse-t-elle
Laver ta rancœur,
La mer au grand cœur,

Ton aïeule, celle
Qui chante en berçant
Ton angoisse atroce,
La mer, doux colosse
Au sein innocent,
Grondeuse infinie
De ton ironie!

Tu vis sans savoir!
Tu verses ton âme,
Ton lait et ta flamme
Dans quel désespoir?
Ton sang qui s'amasse
En une fleur d'or
N'est pas prêt encor
À la dédicace.
Attends quelque peu,
Ceci n'est que jeu.

Cette frénésie
T'initie au but.
D'ailleurs, le salut
Viendra d'un Messie
Dont tu ne sens plus
Depuis bien des lieues
Les effluves bleues
Sous tes bras perclus,
Naufragé d'un rêve
Qui n'a pas de grève!

Vis en attendant
L'heure toute proche.
Ne sois pas prudent.
Trêve à tout reproche.

Fais ce que tu veux.
Une main te guide
À travers le vide
Affreux de tes vœux.
Un peu de courage,
C'est le bon orage.

Voici le Malheur
Dans sa plénitude.
Mais à sa main rude
Quelle belle fleur!
« La brûlante épine! »
Un lis est moins blanc.
« Elle m'entre au flanc. »
Et l'odeur divine!
« Elle m'entre au cœur. »
Le parfum vainqueur!

« Pourtant je regrette,
Pourtant je me meurs,
Pourtant ces deux cœurs... »
Lève un peu la tête.
« Eh bien, c'est la Croix. »
Lève un peu ton âme
De ce monde infâme.
« Est-ce que je crois? »
Qu'en sais-tu? La Bête
Ignore sa tête,

La Chair et le Sang
Méconnaissent l'Acte.
« Mais j'ai fait un pacte
Qui va m'enlaçant
À la faute noire,
Je me dois à mon
Tenace démon :
Je ne veux point croire.

Je n'ai pas besoin
De rêver si loin!

« Aussi bien j'écoute
Des sons d'autrefois.
Vipère des bois,
Encor sur ma route?
Cette fois, tu mords. »
Laisse cette bête.
Que fait au poète?
Que sont des cœurs morts?
Ah! plutôt oublie
Ta propre folie.

Ah! plutôt, surtout,
Douceur, patience,
Mi-voix et nuance,
Et paix jusqu'au bout!
Aussi bon que sage,
Simple autant que bon,
Soumets ta raison
Au plus pauvre adage,
Naïf et discret,
Heureux en secret!

Ah! surtout, terrasse
Ton orgueil cruel,
Implore la grâce
D'être un pur Abel,
Finis l'odyssée
Dans le repentir
D'un humble martyr,
D'une humble pensée.
Regarde au-dessus...
« Est-ce vous, Jésus? »

### III

L'espoir lui comme un brin de paille dans l'étable.
Que crains-tu de la guêpe ivre de son vol fou?
Vois, le soleil toujours poudroie à quelque trou.
Que ne t'endormais-tu, le coude sur la table?

Pauvre âme pâle, au moins cette eau du puits glacé,
Bois-là. Puis dors après. Allons, tu vois, je reste,
Et je dorloterai les rêves de ta sieste,
Et tu chantonneras comme un enfant bercé.

Midi sonne. De grâce, éloignez-vous, madame.
Il dort. C'est étonnant comme les pas de femme
Résonnent au cerveau des pauvres malheureux.

Midi sonne. J'ai fait arroser dans la chambre.
Va, dors! L'espoir luit comme un caillou dans un creux
Ah, quand refleuriront les roses de septembre!

### IV

*Gaspard Hauser chante :*

Je suis venu, calme orphelin,
Riche de mes seuls yeux tranquilles,
Vers les hommes des grandes villes :
Ils ne m'ont pas trouvé malin.

À vingt ans un trouble nouveau,
Sous le nom d'amoureuses flammes,
M'a fait trouver belles les femmes :
Elles ne m'ont pas trouvé beau.

Bien que sans patrie et sans roi
Et très brave ne l'étant guère,
J'ai voulu mourir à la guerre :
La mort n'a pas voulu de moi.

Suis-je né trop tôt ou trop tard ?
Qu'est-ce que je fais en ce monde ?
Ô vous tous, ma peine est profonde :
Priez pour le pauvre Gaspard !

V

Un grand sommeil noir
Tombe sur ma vie :
Dormez, tout espoir,
Dormez, toute envie !

Je ne vois plus rien,
Je perds la mémoire
Du mal et du bien...
Ô la triste histoire !

Je suis un berceau
Qu'une main balance
Au creux d'un caveau :
Silence, silence !

VI

Le ciel est, par-dessus le toit,
Si bleu, si calme !
Un arbre, par-dessus le toit,
Berce sa palme.

La cloche, dans le ciel qu'on voit,
  Doucement tinte.
Un oiseau sur l'arbre qu'on voit
  Chante sa plainte.

Mon Dieu, mon Dieu, la vie est là,
  Simple et tranquille.
Cette paisible rumeur-là
  Vient de la ville.

— Qu'as-tu fait, ô toi que voilà
  Pleurant sans cesse,
Dis, qu'as-tu fait, toi que voilà,
  De ta jeunesse?


## VII


Je ne sais pourquoi
  Mon esprit amer
D'une aile inquiète et folle vole sur la mer.
  Tout ce qui m'est cher,
  D'une aile d'effroi
Mon amour le couve au ras des flots. Pourquoi, pour-
                                              [quoi?

Mouette à l'essor mélancolique,
Elle suit la vague, ma pensée,
À tous les vents du ciel balancée,
Et biaisant quand la marée oblique
Mouette à l'essor mélancolique.

Ivre de soleil
Et de liberté,

Un instinct la guide à travers cette immensité.
La brise d'été
Sur le flot vermeil
Doucement la porte en un tiède demi-sommeil.

Parfois si tristement elle crie
Qu'elle alarme au lointain le pilote,
Puis au gré du vent se livre et flotte
Et plonge, et l'aile toute meurtrie
Revole, et puis si tristement crie!

Je ne sais pourquoi
Mon esprit amer
D'une aile inquiète et folle vole sur la mer.
Tout ce qui m'est cher,
D'une aile d'effroi
Mon amour le couve au ras des flots. Pourquoi, pour-
[quoi?


# VIII

Parfums, couleurs, systèmes, lois!
Les mots ont peur comme des poules.
La Chair sanglote sur la croix.

Pied, c'est du rêve que tu foules,
Et partout ricane la voix,
La voix tentatrice des foules.

Cieux bruns où nagent nos desseins,
Fleurs qui n'êtes pas le Calice,
Vin et ton geste qui se glisse,
Femme et l'œillade de tes seins,

Nuit câline aux frais traversins,
Qu'est-ce que c'est que ce délice,
Qu'est-ce que c'est que ce supplice,
Nous, les damnés et vous, les Saints?


## IX


Le son du cor s'afflige vers les bois
D'une douleur on veut croire orpheline
Qui vient mourir au bas de la colline
Parmi la bise errant en courts abois.

L'âme du loup pleure dans cette voix
Qui monte avec le soleil qui décline
D'une agonie on veut croire câline
Et qui ravit et qui navre à la fois.

Pour faire mieux cette plainte assoupie,
La neige tombe à longs traits de charpie
À travers le couchant sanguinolent,

Et l'air a l'air d'être un soupir d'automne,
Tant il fait doux par ce soir monotone
Où se dorlote un paysage lent.


## X


La tristesse, la langueur du corps humain
M'attendrissent, me fléchissent, m'apitoient.
Ah! surtout quand des sommeils noirs le foudroient,
Quand les draps zèbrent la peau, foulent la main!

Et que mièvre dans la fièvre du demain,
Tiède encor du bain de sueur qui décroît,
Comme un oiseau qui grelotte sur un toit!
Et les pieds, toujours douloureux du chemin!

Et le sein, marqué d'un double coup de poing!
Et la bouche, une blessure rouge encor,
Et la chair frémissante, frêle décor!

Et les yeux, les pauvres yeux si beaux où point
La douleur de voir encore du fini!...
Triste corps! Combien faible et combien puni!

## XI

La bise se rue à travers
Les buissons tout noirs et tout verts,
Glaçant la neige éparpillée
Dans la campagne ensoleillée.
L'odeur est aigre près des bois,
L'horizon chante avec des voix,
Les coqs des clochers des villages
Luisent crûment sur les nuages.
C'est délicieux de marcher
À travers ce brouillard léger
Qu'un vent taquin parfois retrousse.
Ah! fi de mon vieux feu qui tousse!
J'ai des fourmis plein les talons.
Debout, mon âme, vite, allons!
C'est le printemps sévère encore,
Mais qui par instant s'édulcore
D'un souffle tiède juste assez
Pour mieux sentir les froids passés
Et penser au Dieu de clémence...
Va, mon âme, à l'espoir immense!

## XII

Vous voilà, vous voilà, pauvres bonnes pensées!
L'espoir qu'il faut, regret des grâces dépensées,
Douceur de cœur avec sévérité d'esprit,
Et cette vigilance, et le calme prescrit,
Et toutes! — Mais encor lentes, bien éveillées,
Bien d'aplomb, mais encor timides, débrouillées
À peine du lourd rêve et de la tiède nuit.
C'est à qui de vous va plus gauche, l'une suit
L'autre, et toutes ont peur du vaste clair de lune.
« Telles, quand des brebis sortent d'un clos. C'est une,
Puis deux, puis trois. Le reste est là, les yeux baissés,
La tête à terre, et l'air des plus embarrassés,
Faisant ce que fait leur chef de file : il s'arrête,
Elles s'arrêtent tour à tour, posant leur tête
Sur son dos, simplement et sans savoir pourquoi *. »
Votre pasteur, ô mes brebis, ce n'est pas moi,
C'est un meilleur, un bien meilleur, qui sait les causes,
Lui qui vous tint longtemps et si longtemps là closes,
Mais qui vous délivra de sa main au temps vrai.
Suivez-le. Sa houlette est bonne.
                                        Et je serai,
Sous sa voix toujours douce à votre ennui qui bêle,
Je serai, moi, par vos chemins, son chien fidèle.

## XIII

        L'échelonnement des haies
        Moutonne à l'infini, mer
        Claire dans le brouillard clair
        Qui sent bon les jeunes baies.

* Dante, *le Purgatoire*.

Des arbres et des moulins
Sont légers sur le vert tendre
Où vient s'ébattre et s'étendre
L'agilité des poulains.

Dans ce vague d'un Dimanche
Voici se jouer aussi
De grandes brebis aussi
Douces que leur laine blanche.

Tout à l'heure déferlait
L'onde, roulée en volutes,
De cloches comme des flûtes
Dans le ciel comme du lait.

Stickney, 75.


## XIV

L'immensité de l'humanité,
Le Temps passé, vivace et bon père,
Une entreprise à jamais prospère :
Quelle puissante et calme cité!

Il semble ici qu'on vit dans l'histoire.
Tout est plus fort que l'homme d'un jour.
De lourds rideaux d'atmosphère noire
Font richement la nuit alentour.

Ô civilisés que civilise
L'Ordre obéi, le Respect sacré!
Ô, dans ce champ si bien préparé,
Cette moisson de la seule Église!

Londres, 75-77.

# XV

La mer est plus belle
Que les cathédrales,
Nourrice fidèle,
Berceuse de râles,
La mer sur qui prie
La Vierge Marie !

Elle a tous les dons
Terribles et doux.
J'entends ses pardons
Gronder ses courroux...
Cette immensité
N'a rien d'entêté.

Oh ! si patiente,
Même quand méchante !
Un souffle ami hante
La vague, et nous chante :
« Vous sans espérance,
Mourez sans souffrance ! »

Et puis sous les cieux
Qui s'y rient plus clairs,
Elle a des airs bleus,
Roses, gris et verts...
Plus belle que tous,
Meilleure que nous !

Bournemouth, 77.

# XVI

La « grande ville »! Un tas criard de pierres blanches
Où rage le soleil comme en pays conquis.
Tous les vices ont leurs tanières, les exquis
Et les hideux, dans ce désert de pierres blanches.

Des odeurs. Des bruits vains. Où que vague le cœur,
Toujours ce poudroiement vertigineux de sable,
Toujours ce remuement de la chose coupable
Dans cette solitude où s'écœure le cœur!

De près, de loin, le Sage aura sa Thébaïde
Parmi le fade ennui qui monte de ceci,
D'autant plus âpre et plus sanctifiante aussi
Que deux parts de son âme y pleurent, dans ce vide!

Paris, 77.

# XVII

Tournez, tournez, bons chevaux de bois,
Tournez cent tours, tournez mille tours,
Tournez souvent et tournez toujours,
Tournez, tournez au son des hautbois.

L'enfant tout rouge et la mère blanche,
Le gars en noir et la fille en rose,
L'une à la chose et l'autre à la pose,
Chacun se paie un sou de dimanche.

Tournez, tournez, chevaux de leur cœur,
Tandis qu'autour de tous vos tournois
Clignote l'œil du filou sournois,
Tournez au son du piston vainqueur!

C'est étonnant comme ça vous soûle
D'aller ainsi dans ce cirque bête :
Bien dans le ventre et mal dans la tête,
Du mal en masse et du bien en foule.

Tournez au son de l'accordéon,
Du violon, du trombone fous,
Chevaux plus doux que des moutons, doux
Comme un peuple en révolution.

Le vent, fouettant la tente, les verres,
Les zincs et le drapeau tricolore,
Et les jupons, et que sais-je encore?
Fait un fracas de cinq cents tonnerres.

Tournez, dadas, sans qu'il soit besoin
D'user jamais de nuls éperons
Pour commander à vos galops ronds :
Tournez, tournez, sans espoir de foin.

Et dépêchez, chevaux de leur âme :
Déjà voici que sonne à la soupe
La nuit qui tombe et chasse la troupe
De gais buveurs que leur soif affame.

Tournez, tournez! Le ciel en velours
D'astres en or se vêt lentement.
L'église tinte un glas tristement.
Tournez au son joyeux des tambours!

# XVIII

Toutes les amours de la terre
Laissent au cœur du délétère
Et de l'affreusement amer,
Fraternelles et conjugales,
Paternelles et filiales,
Civiques et nationales,
Les charnelles, les idéales,
Toutes ont la guêpe et le ver.

La mort prend ton père et ta mère,
Ton frère trahira son frère,
Ta femme flaire un autre époux,
Ton enfant, on te l'aliène,
Ton peuple, il se pille ou s'enchaîne
Et l'étranger y pond sa haine,
Ta chair s'irrite et tourne obscène,
Ton âme flue en rêves fous.

Mais, dit Jésus, aime, n'importe!
Puis de toute illusion morte
Fais un cortège, forme un chœur,
Va devant, tel aux champs le pâtre,
Tel le coryphée au théâtre,
Tel le vrai prêtre ou l'idolâtre,
Tels les grands-parents près de l'âtre
Oui, que devant aille ton cœur!

Et que toutes ces voix dolentes
S'élèvent rapides ou lentes,
Aigres ou douces, composant
À la gloire de Ma souffrance,
Instrument de ta délivrance,
Condiment de ton espérance
Et mets de ta propre navrance,
L'hymne qui te sied à présent!

## XIX

Sainte Thérèse veut que la Pauvreté soit
La reine d'ici-bas, et littéralement!
Elle dit peu de mots de ce gouvernement,
Et ne s'arrête point aux détails de surcroît;

Mais le Point, à son sens, celui qu'il faut qu'on voie
Et croie, est ceci dont elle la complimente :
Le libre arbitre pèse, arguë et parlemente,
Puis le pauvre-de-cœur décide et suit sa voie.

Qui l'en empêchera? De vœux il n'en a plus
Que celui d'être un jour au nombre des élus,
Tout-puissant serviteur, tout-puissant souverain,

Prodigue et dédaigneux, sur tous, des choses eues,
Mais accumulateur des seules choses sues :
De quel si fier sujet, et libre, quelle reine!


## XX

Parisien, mon frère à jamais étonné,
Montons sur la colline où le soleil est né —
Si glorieux qu'il fait comprendre l'idolâtre, —
Sous cette perspective, inconnue au « théâtre »,
D'arbres au vent et de poussière d'ombre et d'or.
Montons. Il fait si frais encor, montons encor.
Là! nous voilà « placés » comme dans une « loge
De face »; et le « décor » vraiment tire un éloge :
La cathédrale énorme et le beffroi sans fin,
Ces toits de tuile sous ces verdures, le vain

Appareil des remparts pompeux et grands quand même,
Ces clochers, cette tour, ces autres, sur l'or blême
Des nuages à l'ouest réverbérant l'or dur
De derrière *chez nous,* tous ces lourds joyaux sur
Ces ouates, n'est-ce pas, l'écrin vaut le voyage,
Et c'est ce qu'on peut dire un brin de paysage?
— Mais descendons, si ce n'est pas trop abuser
De vos pieds las, à fin seule de reposer
Vos yeux qui n'ont jamais rien vu que de Montmartre,
— « Campagne » vert de plaie et ville blanc de dartre.
(Et les sombres parfums qui grimpent de Pantin!)
— Donc, par ce lent sentier de rosée et de thym,
Cheminons vers la ville au long de la rivière,
Sous les frais peupliers, dans la fine lumière.
L'une des portes ouvre une rue : entrons-y.
Aussi bien, c'est le point qu'il faut, l'endroit choisi :
Si blanches, les maisons anciennes, si bien faites,
Point hautes, çà et là des branches sur leurs faîtes,
Si doux et sinueux le cours de ces maisons,
Comme un ruisseau parmi de vagues frondaisons,
Profilant la lumière et l'ombre en broderies
Au lieu du long ennui de vos haussmanneries,
Et si gentil l'accent qui confine au patois
De ces passants naïfs avec leurs yeux matois!...
— Des places ivres d'air et de cris d'hirondelles,
Où l'Histoire proteste en formules fidèles
À la crête des toits comme au fer des balcons :
Des portes ne tournant qu'à regret sur leurs gonds,
Jalouses de garder l'honneur et la famille...
Ici tout vit et meurt calme, rien ne fourmille.
Le « Théâtre » *fait four,* et ce dieu des brouillons,
Le « Journal » n'en est plus à compter ses *bouillons.*
L'amour même prétend conserver ses noblesses,
Et le vice *se gobe* en de rares drôlesses.
Enfin, rien de Paris, mon frère, « dans nos murs »,
Que les modes... d'hier, et que les fruits bien mûrs
De ce fameux Progrès que vous mangez en herbe.
Du reste on vit à l'aise. Une chère superbe,

La raison raisonnable et l'esprit des aïeux,
Beaucoup de sain travail, quelques loisirs joyeux,
Et ce besoin d'avoir peur de la grande route!...
Avouez, la province est bonne, somme toute,
Et vous regrettez moins que tantôt la « splendeur »
Du vieux monstre, et son pouls fébrile, et cette odeur!

Arras, 77

## XXI

C'est la fête du blé, c'est la fête du pain
Aux chers lieux d'autrefois revus après ces choses!
Tout bruit, la nature et l'homme, dans un bain
De lumière si blanc que les ombres sont roses.

L'or des pailles s'effondre au vol siffleur des faux
Dont l'éclair plonge, et va luire, et se réverbère.
La plaine, tout au loin couverte de travaux,
Change de face à chaque instant, gaie et sévère.

Tout halète, tout n'est qu'effort et mouvement
Sous le soleil, tranquille auteur des moissons mûres,
Et qui travaille encore, imperturbablement,
A gonfler, à sucrer — là-bas! — les grappes sures.

Travaille, vieux soleil, pour le pain et le vin,
Nourris l'homme du lait de la terre, et lui donne
L'honnête verre où rit un peu d'oubli divin...
Moissonneurs, — vendangeurs là-bas! — votre heure
                                    [est bonne!

Car sur la fleur des pains et sur la fleur des vins,
Fruit de la force humaine en tous lieux répartie,
Dieu moissonne, et vendange, et dispose à ses fins
La Chair et le Sang pour le calice et l'hostie!

Fampoux, 77.

# Amour

À mon fils
Georges Verlaine

## PRIÈRE DU MATIN

Ô Seigneur, exaucez et dictez ma prière,
Vous la pleine Sagesse et la toute Bonté,
Vous sans cesse anxieux de mon heure dernière,
Et qui m'avez aimé de toute éternité.

Car — ce bonheur terrible est tel, tel ce mystère
Miséricordieux, que, cent fois médité,
Toujours il confondit ma raison qu'il atterre, —
Oui, vous m'avez aimé de toute éternité.

Oui, votre grand souci, c'est mon heure dernière,
Vous la voulez heureuse, et pour la faire ainsi,
Dès avant l'univers, dès avant la lumière,
Vous préparâtes tout, ayant ce grand souci.

Exaucez ma prière après l'avoir formée
De gratitude immense et des plus humbles vœux,
Comme un poète scande une ode bien-aimée,
Comme une mère baise un fils sur les cheveux.

Donnez-moi de vous plaire, et puisque pour vous plaire
Il me faut être heureux, d'abord dans la douleur,
Parmi les hommes durs sous une loi sévère,
Puis dans le ciel tout près de vous sans plus de peur,

Tout près de vous, le Père Éternel, dans la joie
Éternelle, ravi dans les splendeurs des saints,
Ô donnez-moi la foi très forte, que je croie
Devoir souffrir cents morts s'il plaît à vos desseins;

Et donnez-moi la foi très douce, que j'estime
N'avoir de haine juste et sainte que pour moi,
Que j'aime le pécheur en détestant son crime,
Que surtout j'aime ceux de nous encor sans foi;

Et donnez-moi la foi très humble, que je pleure
Sur l'impropriété de tant de maux soufferts,
Sur l'inutilité des grâces et sur l'heure
Lâchement gaspillée aux efforts que je perds;

Et que votre Esprit Saint qui sait toute nuance
Rende prudent mon zèle et sage mon ardeur :
Donnez, juste Seigneur, avec la confiance,
Donnez la méfiance à votre serviteur.

Que je ne sois jamais un objet de censure
Dans l'action pieuse et le juste discours;
Enseignez-moi l'accent, montrez-moi la mesure;
D'un scandale, d'un seul, préservez mes entours;

Faites que mon exemple amène à vous connaître
Tous ceux que vous voudrez de tant de pauvres fous,
Vos enfants sans leur Père, un état sans le Maître,
Et que, si je suis bon, toute gloire aille à vous;

Et puis, et puis, quand tout des choses nécessaires,
L'homme, la patience et ce devoir dicté,
Aura fructifié de mon mieux dans vos serres,
Laissez-moi vous aimer en toute charité,

Laissez-moi, faites-moi de toutes mes faiblesses
Aimer jusqu'à la mort votre perfection,
Jusqu'à la mort des sens et de leurs mille ivresses,
Jusqu'à la mort du cœur, orgueil et passion,

Jusqu'à la mort du pauvre esprit lâche et rebelle
Que votre volonté dès longtemps appelait
Vers l'humilité sainte éternellement belle :
Mais lui, gardait son rêve infernalement laid,

Son gros rêve éveillé de lourdes rhétoriques,
Spéculation creuse et calculs impuissants
Ronflant et s'étirant en phrases pléthoriques.
Ah! tuez mon esprit et mon cœur et mes sens!

Place à l'âme qui croie, et qui sente et qui voie
Que tout est vanité fors elle-même en Dieu;
Place à l'âme, Seigneur, marchant dans votre voie
Et ne tendant qu'au ciel, seul espoir et seul lieu!

Et que cette âme soit la servante très douce
Avant d'être l'épouse au trône non pareil.
Donnez-lui l'Oraison comme le lit de mousse
Où ce petit oiseau se baigne de soleil,

La paisible oraison comme la fraîche étable
Où cet agneau s'ébatte et broute dans les coins
D'ombre et d'or quand sévit le midi redoutable
Et que juin fait crier l'insecte dans les foins,

L'oraison bien en vous, fût-ce parmi la foule,
Fût-ce dans le tumulte et l'erreur des cités,
Donnez-lui l'oraison qui sourde et d'où découle
Un ruisseau toujours clair d'austères vérités :

La mort, le noir péché, la pénitence blanche,
L'occasion à fuir et la grâce à guetter;
Donnez-lui l'oraison d'en haut et d'où s'épanche
Le fleuve amer et fort qu'il lui faut remonter :

Mortification spirituelle, épreuve
Du feu par le désir et de l'eau par le pleur
Sans fin d'être imparfaite et de se sentir veuve
D'un amour que doit seule aviver la douleur,

Sécheresses ainsi que des trombes de sable
En travers du torrent où luttent ses bras lourds,
Un ciel de plomb fondu, la soif inapaisable
Au milieu de cette eau qui l'assoiffe toujours,

Mais cette eau-là jaillit à la vie éternelle,
Et la vague bientôt porterait doucement
L'âme persévérante et son amour fidèle
Aux pieds de votre Amour fidèle, ô Dieu clément !

La bonne mort pour quoi Vous-Même vous mourûtes
Me ressusciterait à votre éternité.
Pitié pour ma faiblesse, assistez à mes luttes
Et bénissez l'effort de ma débilité !

Pitié, Dieu pitoyable ! et m'aidez à parfaire
L'œuvre de votre cœur adorable, en sauvant
L'âme que rachetaient les affres du Calvaire :
Père, considérez le prix de votre enfant.


ÉCRIT EN 1875


*À Edmond Lepelletier.*


J'ai naguère habité le meilleur des châteaux
Dans le plus fin pays d'eau vive et de coteaux :
Quatre tours s'élevaient sur le front d'autant d'ailes,
Et j'ai longtemps, longtemps habité l'une d'elles.
Le mur, étant de brique extérieurement,
Luisait rouge au soleil de ce site dormant,
Mais un lait de chaux, clair comme une aube qui pleure,
Tendait légèrement la voûte intérieure.
Ô diane des yeux qui vont parler au cœur,
Ô réveil pour les sens éperdus de langueur,

Gloire des fronts d'aïeuls, orgueil jeune des branches,
Innocence et fierté des choses, couleurs blanches!
Parmi des escaliers en vrille, tout aciers
Et cuivres, luxes brefs encore émaciés,
Cette blancheur bleuâtre et si douce, à m'en croire,
Que relevait un peu la longue plinthe noire,
S'emplissait tout le jour de silence et d'air pur
Pour que la nuit y vînt rêver de pâle azur.
Une chambre bien close, une table, une chaise,
Un lit strict où l'on pût dormir juste à son aise,
Du jour suffisamment et de l'espace assez,
Tel fut mon lot durant les longs mois là passés,
Et je n'ai jamais plaint ni les mois ni l'espace,
Ni le reste, et du point de vue où je me place
Maintenant que voici le monde de retour,
Ah! vraiment, j'ai regret aux deux ans dans la tour!
Car c'était bien la paix réelle et respectable,
Ce lit dur, cette chaise unique et cette table,
La paix où l'on aspire alors qu'on est bien soi,
Cette chambre aux murs blancs, ce rayon sobre et coi,
Qui glissait lentement en teintes apaisées,
Au lieu de ce grand jour diffus de vos croisées.
Car, à quoi bon le vain appareil et l'ennui
Du plaisir, à la fin, quand le malheur a lui
(Et le malheur est bien un trésor qu'on déterre),
Et pourquoi cet effroi de rester solitaire
Qui pique le troupeau des hommes d'à présent,
Comme si leur commerce était bien suffisant?
Questions! Donc, j'étais heureux avec ma vie,
Reconnaissant de biens que nul, certes, n'envie.
(Ô fraîcheur de sentir qu'on n'a pas de jaloux!
Ô bonté d'être cru plus malheureux que tous!)
Je partageais les jours de cette solitude
Entre ces deux bienfaits, la prière et l'étude,
Que délassait un peu de travail manuel.
Ainsi les Saints! J'avais aussi ma part de ciel,
Surtout quand, revenant au jour, si proche encore,
Où j'étais ce mauvais sans plus qui s'édulcore

En la luxure lâche aux farces sans pardon,
Je pouvais supputer tout le prix de ce don :
N'être plus là, parmi les choses de la foule,
S'y dépensant, plutôt dupe, pierre qui roule,
Mais de fait un complice à tous ces noirs péchés,
N'être plus là, compter au rang des cœurs cachés,
Des cœurs discrets que Dieu fait siens dans le silence,
Sentir qu'on grandit bon et sage, et qu'on s'élance
Du plus bas au plus haut en essors bien réglés,
Humble, prudent, béni, la croissance des blés ! —
D'ailleurs, nuls soins gênants, nulle démarche à faire.
Deux fois le jour ou trois, un serviteur sévère
Apportait mes repas et repartait muet.
Nul bruit. Rien dans la tour jamais ne remuait
Qu'une horloge au cœur clair qui battait à coups larges.
C'était la liberté (la seule !) sans ses charges,
C'était la dignité dans la sécurité !
Ô lieu presque aussitôt regretté que quitté,
Château, château magique où mon âme s'est faite,
Frais séjour où se vint apaiser la tempête
De ma raison allant à vau-l'eau dans mon sang,
Château, château qui luis tout rouge et dors tout blanc,
Comme un bon fruit de qui le goût est sur mes lèvres
Et désaltère encor l'arrière-soif des fièvres,
Ô sois béni, château d'où me voilà sorti
Prêt à la vie, armé de douceur et nanti
De la Foi, pain et sel et manteau pour la route
Si déserte, si rude et si longue, sans doute,
Par laquelle il faut tendre aux innocents sommets.
Et soit aimé l'Auteur de la Grâce, à jamais !

Stickney, Angleterre.

# UN CONTE

*À J.-K. Huysmans.*

Simplement, comme on verse un parfum sur une
[flamme
Et comme un soldat répand son sang pour la patrie,
Je voudrais pouvoir mettre mon cœur avec mon âme
Dans un beau cantique à la sainte Vierge Marie.

Mais je suis, hélas! un pauvre pécheur trop indigne,
Ma voix hurlerait parmi le chœur des voix des justes :
Ivre encor du vin amer de la terrestre vigne,
Elle pourrait offenser des oreilles augustes.

Il faut un cœur pur comme l'eau qui jaillit des roches,
Il faut qu'un enfant vêtu de lin soit notre emblème,
Qu'un agneau bêlant n'éveille en nous aucuns reproches,
Que l'innocence nous ceigne un brûlant diadème,

Il faut tout cela pour oser dire vos louanges,
Ô vous, Vierge Mère, ô vous, Marie Immaculée,
Vous blanche à travers les battements d'ailes des anges,
Qui posez vos pieds sur notre terre consolée.

Du moins je ferai savoir à qui voudra l'entendre
Comment il advint qu'une âme des plus égarées,
Grâce à ces regards cléments de votre gloire tendre,
Revint au bercail des Innocences ignorées.

Innocence, ô belle après l'Ignorance inouïe,
Eau claire du cœur après le feu vierge de l'âme,
Paupière de grâce sur la prunelle éblouie,
Désaltèrement du cerf rompu d'amour qui brame!

Ce fut un amant dans toute la force du terme :
Il avait connu toute la chair, infâme ou vierge,
Et la profondeur monstrueuse d'un épiderme,
Et le sang d'un cœur, cire vermeille pour son cierge !

Ce fut un athée, et qui poussait loin sa logique
Tout en méprisant les fadaises qu'elle autorise,
Et comme un forçat qui remâche une vieille chique
Il aimait le jus flasque de la mécréantise.

Ce fut un brutal, ce fut un ivrogne des rues,
Ce fut un mari comme on en rencontre aux barrières ;
Bon que les amours premières fussent disparues,
Mais cela n'excuse en rien l'excès de ses manières.

Ce fut, et quel préjudice ! un Parisien fade,
Vous savez, de ces provinciaux cent fois plus pires
Qui prennent au sérieux la plus sotte cascade
Sans s'apercevoir, ô leur âme, que tu respires ;

Race de théâtre et de boutique dont les vices
Eux-mêmes, avec leur odeur rance et renfermée,
Lèveraient le cœur à des sauvages, leurs complices,
Race de trottoir, race d'égout et de fumée !

Enfin un sot, un infatué de ce temps bête
(Dont l'esprit au fond consiste à boire de la bière)
Et par-dessus tout une folle tête inquiète,
Un cœur à tous vents, vraiment mais vilement sincère.

Mais sans doute, et moi j'inclinerais fort à le croire,
Dans quelque coin bien discret et sûr de ce cœur même,
Il avait gardé comme qui dirait la mémoire
D'avoir été ces petits enfants que Jésus aime.

Avait-il — et c'est vraiment plus vrai que vraisem-
                                            [blable —
Conservé dans le sanctuaire de sa cervelle

Votre nom, Marie, et votre titre vénérable,
Comme un mauvais prêtre ornerait encor sa chapelle?

Ou tout bonnement peut-être qu'il était encore,
Malgré tout son vice et tout son crime et tout le reste,
Cet homme très simple qu'au moins sa candeur décore
En comparaison d'un monde autour que Dieu déteste.

Toujours est-il que ce grand pécheur eut des conduites
Folles à ce point d'en devenir trop maladroites,
Si bien que les Tribunaux s'en mirent, — et les suites!
Et le voyez-vous dans la plus étroite des boîtes?

Cellules! Prisons humanitaires! Il faut taire
Votre horreur fadasse et ce progrès d'hypocrisie...
Puis il s'attendrit, il réfléchit. Par quel mystère,
Ô Marie, ô vous, de toute éternité choisie?

Puis, il se tourna vers votre Fils et vers Sa Mère.
Ô qu'il fut heureux, mais là, promptement, tout de suite!
Que de larmes, quelle joie, ô Mère! et pour vous plaire,
Tout de suite aussi le voilà qui bien vite quitte

Tout cet appareil d'orgueil et de pauvres malices,
Ce qu'on nomme esprit et ce qu'on nomme La Science,
Et les rires et les sourires où tu te plisses,
Lèvre des petits exégètes de l'incroyance!

Et le voilà qui s'agenouille et, bien humble, égrène
Entre ses doigts fiers les grains enflammés du Rosaire,
Implorant de Vous, la Mère, et la Sainte, et la Reine,
L'affranchissement d'être ce charnel, ô misère!

Ô qu'il voudrait bien ne savoir plus rien de ce monde
Qu'adorer obscurément la mystique sagesse,
Qu'aimer le cœur de Jésus dans l'extase profonde
De penser à vous en même temps pendant la Messe.

Ô faites cela, faites cette grâce à cette âme,
Ô vous, Vierge Mère, ô vous, Marie Immaculée,
Toute en argent parmi l'argent de l'épithalame,
Qui posez vos pieds sur notre terre consolée.


## BOURNEMOUTH

*À Francis Poictevin.*


Le long bois de sapins se tord jusqu'au rivage,
L'étroit bois de sapins, de lauriers et de pins,
Avec la ville autour déguisée en village :
Chalets éparpillés rouges dans le feuillage
Et les blanches villas des stations de bains.

Le bois sombre descend d'un plateau de bruyère,
Va, vient, creuse un vallon, puis monte vert et noir
Et redescend en fins bosquets où la lumière
Filtre et dore l'obscur sommeil du cimetière
Qui s'étage bercé d'un vague nonchaloir.

À gauche la tour lourde (elle attend une flèche)
Se dresse d'une église invisible d'ici;
L'estacade très loin; haute, la tour, et sèche :
C'est bien l'anglicanisme impérieux et rêche
À qui l'essor du cœur vers le ciel manque aussi.

Il fait un de ces temps ainsi que je les aime,
Ni brume ni soleil! le soleil deviné,
Pressenti, du brouillard mourant dansant à même
Le ciel très haut qui tourne et fuit, rose de crème;
L'atmosphère est de perle et la mer d'or fané.

De la tour protestante il part un chant de cloche,
Puis deux et trois et quatre, et puis huit à la fois,

Instinctive harmonie allant de proche en proche,
Enthousiasme, joie, appel, douleur, reproche,
Avec de l'or, du bronze et du feu dans la voix;

Bruit immense et bien doux que le long bois écoute!
La Musique n'est pas plus belle. Cela vient
Lentement sur la mer qui chante et frémit toute,
Comme sous une armée au pas sonne une route
Dans l'écho qu'un combat d'avant-garde retient.

La sonnerie est morte. Une rouge traînée
De grands sanglots palpite et s'éteint sur la mer,
L'éclair froid d'un couchant de la nouvelle année
Ensanglante là-bas la ville couronnée
De nuit tombante, et vibre à l'ouest encore clair.

Le soir se fonce. Il fait glacial. L'estacade
Frissonne et le ressac a gémi dans son bois
Chanteur, puis est tombé lourdement en cascade
Sur un rhythme brutal comme l'ennui maussade
Qui martelait mes jours coupables d'autrefois :

Solitude du cœur dans le vide de l'âme,
Le combat de la mer et des vents de l'hiver,
L'Orgueil vaincu, navré, qui râle et qui déclame,
Et cette nuit où rampe un guet-apens infâme,
Catastrophe flairée, avant-goût de l'Enfer!...

Voici trois tintements comme trois coups de flûtes,
Trois encor! trois encor! l'*Angélus* oublié
Se souvient, le voici qui dit : Paix à ces luttes!
Le Verbe s'est fait chair pour relever tes chutes,
Une vierge a conçu, le monde est délié!

Ainsi Dieu parle par la voie de *sa* chapelle
Sise à mi-côte à droite et sur le bord du bois...
Ô Rome, ô Mère! Cri, geste qui nous rappelle

Sans cesse au bonheur seul et donne au cœur rebelle
Et triste le conseil pratique de la Croix.

— La nuit est de velours. L'estacade laissée
Tait par degrés son bruit sous l'eau qui refluait.
Une route assez droite, heureusement tracée,
Guide jusque chez moi ma retraite pressée
Dans ce noir absolu sous le long bois muet.

Janvier 1877


## THERE

*À Émile Le Brun.*


« Angels »! seul coin luisant dans ce Londres du soir,
Où flambe un peu de gaz et jase quelque foule,
C'est drôle que, semblable à tel très dur espoir,
Ton souvenir m'obsède et puissamment enroule
Autour de mon esprit un regret rouge et noir :

Devantures, chansons, omnibus et les danses
Dans le demi-brouillard où flue un goût de rhum,
Décence, toutefois, le souci des cadences,
Et même dans l'ivresse un certain décorum,
Jusqu'à l'heure où la brume et la nuit se font denses.

« Angels »! jours déjà loin, soleils morts, flots taris;
Mes vieux péchés longtemps ont rôdé par tes voies,
Tout soudain rougissant, misère! et tout surpris
De se plaire vraiment à tes honnêtes joies,
Eux, pour tout le contraire arrivés de Paris!

Souvent l'incompressible Enfance ainsi se joue,
Fût-ce dans ce rapport infinitésimal.

Du monstre intérieur qui nous crispe la joue
Au froid ricanement de la haine et du mal,
Ou gonfle notre lèvre amère en lourde moue.

L'Enfance baptismale émerge du pécheur,
Inattendue, alerte, et nargue ce farouche
D'un sourire non sans franchise ou sans fraîcheur,
Qui vient, quoi qu'il en ait, se poser sur sa bouche
À lui, par un prodige exquisement vengeur.

C'est la Grâce qui passe aimable et nous fait signe.
Ô la simplicité primitive, elle encor!
Cher recommencement bien humble! Fuite insigne
De l'heure vers l'azur mûrisseur de fruits d'or!
« Angels »! ô nom *revu*, calme et frais comme un cygne!


## UN CRUCIFIX

### À SAINT-GÉRY, ARRAS

*À Germain Nouveau.*

Au bout d'un bas-côté de l'église gothique,
Contre le mur que vient baiser le jour mystique
D'un long vitrail d'azur et d'or finement roux,
Le Crucifix se dresse, ineffablement doux,
Sur sa croix peinte en vert aux arêtes dorées,
Et la gloire d'or sombre en langues échancrées
Flue autour de la tête et des bras étendus;
Tels quatre vols de flamme en un seul confondus.
La statue est en bois, de grandeur naturelle,
Légèrement teintée, et l'on croirait sur elle
Voir s'arrêter la vie à l'instant qu'on la voit.
Merveille d'art pieux, celui qui la fit doit

N'avoir fait qu'elle et s'être éteint dans la victoire
D'être un bon ouvrier trois fois sûr de sa gloire.
« Voilà l'homme! » Robuste et délicat pourtant.
C'est bien le corps qu'il faut pour avoir souffert tant,
Et c'est bien la poitrine où bat le Cœur immense :
Par les lèvres le souffle expirant dit : « Clémence! »
Tant l'artiste les a disjointes saintement,
Et les bras grands ouverts prouvent le Dieu clément;
La couronne d'épine est énorme et cruelle
Sur le front inclinant sa pâleur fraternelle
Vers l'ignorance humaine et l'erreur du pécheur,
Tandis que, pour noyer le scrupule empêcheur
D'aimer et d'espérer comme la Foi l'enseigne,
Les pieds saignent, les mains saignent, le côté saigne;
On sent qu'il s'offre au Père en toute charité,
Ce vrai Christ catholique éperdu de bonté,
Pour spécialement sauver vos âmes tristes,
Pharisiens naïfs, sincères jansénistes!

— Un ami qui passait, bon peintre et bon chrétien,
Et bon poète aussi, — les trois s'accordent bien, —
Vit cette œuvre sublime, en fit une copie
Exquise, et, surprenant mon regard qui l'épie,
Très gracieusement chez moi vint l'oublier.
Et j'ai rimé ces vers pour le remercier. —

3 octobre 1880.

## BALLADE

### À PROPOS DE DEUX ORMEAUX QU'IL AVAIT

*À Léon Vanier.*

Mon jardin fut doux et léger,
Tant qu'il fut mon humble richesse :

Mi-potager et mi-verger,
Avec quelque fleur qui se dresse
Couleur d'amour et d'allégresse,
Et des oiseaux sur des rameaux,
Et du gazon pour la paresse.
Mais rien ne valut mes ormeaux.

Dans ma claire salle à manger
Où du vin fit quelque prouesse,
Je les voyais tous deux bouger
Doucement au vent qui les presse
L'un vers l'autre en une caresse,
Et leurs feuilles flûtaient des mots.
Le clos était plein de tendresse.
Mais rien ne valut mes ormeaux.

Hélas! Quand il fallut changer
De cieux et quitter ma liesse,
Le verger et le potager
Se partagèrent ma tristesse,
Et la fleur couleur charmeresse,
Et l'herbe, oreiller de mes maux,
Et l'oiseau, surent ma détresse.
Mais rien ne valut mes ormeaux.

ENVOI

Prince, j'ai goûté la simplesse
De vivre heureux dans vos hameaux :
Gaîté, santé que rien ne blesse.
Mais rien ne valut mes ormeaux.

## SUR UN RELIQUAIRE

QU'ON LUI AVAIT DÉROBÉ

Seul bijou de ma pauvreté,
Ton mince argent, ta perle fausse
(En tout quatre francs) ont tenté
Quelqu'un dont l'esprit ne se hausse,

Parmi ces paysans cafards
À vous dégoûter d'être au monde,
— Tas d'Onans et de Putiphars! —
Que juste au niveau de l'immonde,

Et le Témoin, et le Gardien,
Le Grain d'une poussière illustre,
Un ami du mien et du tien
Crispe sur Lui sa main de rustre!

Est-ce simplement un voleur,
Ou s'il se guinde au sacrilège?
Bah! ces rustiques-là! Mais leur
Gros laid vice que rien n'allège

Ne connaît rien que de brutal
Et ne s'est jamais douté d'une
Âme immortelle. Du métal,
C'est tout ce qu'il voit dans la lune;

Tout ce qu'il voit dans le soleil,
C'est foin épais et fumier dense,
Et quand éclôt le jour vermeil,
Il suppute timbre et quittance,

Hypothèque, gens mis dedans,
Placements, la dot de la fille,
Crédits ouverts à deux battants
Et l'usure au bout qui mordille!

Donc, vol, oui, sacrilège, non.
Mais le fait monstrueux existe,
Et pour cet ouvrage sans nom
Mon âme est immensément triste.

Ô pour lui ramener la paix,
Daignez, vous, grand saint Benoît Labre,
Écouter les vœux que je fais,
Peur que ma foi ne se délabre

En voyant ce crime impuni
Rester inutile! Ô la Grâce,
Implorez-la sur l'homme, et ni
L'homme ni moi n'oublierons. Grâce!

Grâce pour le pauvre larron
Inconscient du péché pire!
Intercédez, ô bon patron,
Et qu'enfin le bon Dieu l'inspire,

Que de ce débris de ce corps
Exalté par la pénitence
Sorte une vertu de remords,
Et que l'exquis conseil le tance

Et lui montre toute l'horreur
Du vol et de ce vol impie
Avec la torpeur et l'erreur
D'un passé qu'il faut qu'il expie.

Qu'il s'émeuve à ce double objet
Et tremblant au son du tonnerre
Respecte ce qu'il outrageait
En attendant qu'il le vénère.

Et que cette conversion
L'amène à la foi de ses pères
D'avant la Révolution.
Ma Foi, dis-le moi, tu l'espères?

Ma Foi, celle du charbonnier
Ainsi la veux-je, et la souhaite
Au possesseur, croyons dernier,
De la sainte petite boîte!

## À MADAME X...

### EN LUI ENVOYANT UNE PENSÉE

Au temps où vous m'aimiez (bien sûr?)
Vous m'envoyâtes, fraîche éclose,
Une chère petite rose,
Frais emblème, message pur.

Elle disait en son langage
Les « serments du premier amour » :
Votre cœur à moi pour toujours
Et toutes les choses d'usage.

Trois ans sont passés. Nous voilà!
Mais moi j'ai gardé la mémoire
De votre rose, et c'est ma gloire
De penser encore à cela.

Hélas! si j'ai la souvenance,
Je n'ai plus la fleur, ni le cœur!
Elle est aux quatre vents, la fleur.
Le cœur? mais, voici que j'y pense,

Fut-il mien jamais? entre nous?
Moi, le mien bat toujours le même,
Il est toujours simple. Un emblème
À mon tour. Dites, voulez-vous

Que, tout pesé, je vous envoie,
Triste sélam, mais c'est ainsi,
Cette pauvre négresse-ci?
Elle n'est pas couleur de joie,

Mais elle est couleur de mon cœur;
Je l'ai cueillie à quelque fente
Du pavé captif que j'arpente
En ce lieu de juste douleur.

A-t-elle besoin d'autres preuves?
Acceptez-la pour le plaisir.
J'ai tant fait que de la cueillir,
Et c'est presque une fleur-des-veuves.

1873.


## UN VEUF PARLE


Je vois un groupe sur la mer.
Quelle mer? Celle de mes larmes.
Mes yeux mouillés du vent amer
Dans cette nuit d'ombre et d'alarmes
Sont deux étoiles sur la mer.

C'est une toute jeune femme
Et son enfant déjà tout grand
Dans une barque où nul ne rame,
Sans mât ni voile, en plein courant...
Un jeune garçon, une femme!

En plein courant dans l'ouragan!
L'enfant se cramponne à sa mère
Qui ne sait plus où, non plus qu'en...
Ni plus rien, et qui, folle, espère
En le courant, en l'ouragan.

Espérez en Dieu, pauvre folle,
Crois en notre Père, petit.
La tempête qui vous désole,
Mon cœur de là-haut vous prédit
Qu'elle va cesser, petit, folle!

Et paix au groupe sur la mer,
Sur cette mer de bonnes larmes!
Mes yeux joyeux dans le ciel clair,
Par cette nuit sans plus d'alarmes,
Sont deux bons anges sur la mer.

1878.

## IL PARLE ENCORE

Ni pardon ni répit, dit le monde,
Plus de place au sénat du loisir!
On rend grâce et justice au désir
Qui te prend d'une paix si profonde,
Et l'on eût fait trêve avec plaisir,
Mais la guerre est jalouse : il faut vivre
Ou mourir du combat qui t'enivre.

Aussi bien tes vœux sont absolus
Quand notre art est un mol équilibre.
Nous donnons un sens large au mot : libre,
Et ton sens va : Vite ou jamais plus.
Ta prière est un ordre qui vibre;

Alors nous, indolents conseilleurs,
Que te dire, excepté : Cherche ailleurs ?

Et je vois l'Orgueil et la Luxure
Parmi la réponse : tel un cor
Dans l'éclat fané d'un vil décor,
Prêtant sa rage à la flûte impure.
Quel décor connu, mais triste encor !
C'est la ville où se caille et se lie
Ce passé qu'on boit jusqu'à la lie,

C'est Paris banal, maussade et blanc,
Qui chantonne une ariette vieille
En cuvant sa « noce » de la veille
Comme un invalide sur un banc.
La luxure me dit à l'oreille :
Bonhomme, on vous a déjà donné.
Et l'Orgueil se tait comme un damné.

Ô Jésus, vous voyez que la porte
Est fermée au Devoir qui frappait,
Et que l'on s'écarte à mon aspect.
Je n'ai plus qu'à prier pour la morte.
Mais l'agneau, bénissez qui le paît !
Que le thym soit doux à sa bouchette !
Que le loup respecte la houlette !

Et puis, bon pasteur, paissez mon cœur :
Il est seul désormais sur la terre,
Et l'horreur de rester solitaire
Le distrait en l'étrange langueur
D'un espoir qui ne veut pas se taire,
Et l'appelle aux prés qu'il ne faut pas.
Donnez-lui de n'aller qu'en vos pas.

1879.

# BALLADE

## EN RÊVE

*Au docteur Louis Jullien.*

J'ai rêvé d'elle, et nous nous pardonnions
Non pas nos torts, il n'en est en amour,
Mais l'absolu de nos opinions
Et que la vie ait pour nous pris ce tour.
Simple elle était comme au temps de ma cour,
En robe grise et verte et voilà tout,
(J'aimai toujours les femmes dans ce goût),
Et son langage était sincère et coi.
Mais quel émoi de me dire au débout :
J'ai rêvé d'elle et pas elle de moi.

Elle ni moi nous ne nous résignions
À plus souffrir pas plus tard que ce jour.
Ô nous revoir encore compagnons,
Chacun étant descendu de sa tour
Pour un baiser bien payé de retour!
Le beau projet! Et nous étions debout,
Main dans la main, avec du sang qui bout
Et chante un fier *donec gratus*. Mais quoi?
C'était un songe, ô tristesse et dégoût!
J'ai rêvé d'elle et pas elle de moi.

Et nous suivions tes luisants fanions,
Soie et satin, ô Bonheur vainqueur, pour
Jusqu'à la mort, que d'ailleurs nous niions.
J'allais par les chemins, en troubadour,
Chantant, ballant, sans craindre ce pandour
Qui vous saute à la gorge et vous découd.

Elle évoquait la chère nuit d'Août
Où son aveu bas et lent me fit roi.
Moi, j'adorais ce retour qui m'absout.
J'ai rêvé d'elle et pas elle de moi!

ENVOI

Princesse elle est, sans doute, à l'autre bout
Du monde où règne et persiste ma foi.
*Amen*, alors, puisqu'à mes dam et coût,
J'ai rêvé d'elle et pas elle de moi.

## ADIEU

Hélas! je n'étais pas fait pour cette haine
Et pour ce mépris plus forts que moi que j'ai.
Mais pourquoi m'avoir fait cet agneau sans laine
Et pourquoi m'avoir fait ce cœur outragé?

J'étais né pour plaire à toute âme un peu fière,
Sorte d'homme en rêve et capable du mieux,
Parfois tout sourire et parfois tout prière,
Et toujours des cieux attendris dans les yeux;

Toujours la bonté des caresses sincères,
En dépit de tout et quoi qu'il y parût,
Toujours la pudeur des hontes nécessaires
Dans l'argent brutal et les stupeurs du rut;

Toujours le pardon, toujours le sacrifice!
J'eus plus d'un des torts, mais j'avais tous les soins.
Votre mère était tendrement ma complice,
Qui voyait mes torts et mes soins, elle, au moins.

Elle n'aimait pas que par vous je souffrisse.
Elle est morte et j'ai prié sur son tombeau;
Mais je doute fort qu'elle approuve et bénisse
La chose actuelle et trouve cela beau.

Et j'ai peur aussi, nous en terre, de croire
Que le pauvre enfant, votre fils et le mien,
Ne vénérera pas trop votre mémoire,
Ô vous sans égard pour le mien et le tien.

Je n'étais pas fait pour dire de ces choses,
Moi dont la parole exhalait autrefois
Un épithalame en des apothéoses,
Ce chant du matin où mentait votre voix.

J'étais, je suis né pour plaire aux nobles âmes,
Pour les consoler un peu d'un monde impur,
Cimier d'or chanteur et tunique de flammes,
Moi le Chevalier qui saigne sur azur,

Moi qui dois mourir d'une mort douce et chaste
Dont le cygne et l'aigle encor seront jaloux,
Dans l'honneur vainqueur malgré ce vous néfaste,
Dans la gloire aussi des Illustres Époux!

Novembre 1886.

## BALLADE

### EN L'HONNEUR DE LOUISE MICHEL

Madame et Pauline Roland,
Charlotte, Théroigne, Lucile,
Presque Jeanne d'Arc, étoilant
Le front de la foule imbécile,

Nom des cieux, cœur divin qu'exile
Cette espèce de moins que rien
France bourgeoise au dos facile,
Louise Michel est très bien.

Elle aime le Pauvre âpre et franc
Ou timide; elle est la faucille
Dans le blé mûr pour le pain blanc
Du Pauvre, et la sainte Cécile,
Et la Muse rauque et gracile
Du Pauvre, et son ange gardien
À ce simple, à cet indocile.
Louise Michel est très bien.

Gouvernements de maltalent,
Mégathérium ou bacille,
Soldat brut, robin insolent,
Ou quelque compromis fragile,
Géant de boue aux pieds d'argile,
Tout cela, son courroux chrétien
L'écrase d'un mépris agile.
Louise Michel est très bien.

ENVOI

Citoyenne! votre évangile,
On meurt pour! c'est l'Honneur! et bien
Loin des Taxil et des Bazile,
Louise Michel est très bien.

## À LOUIS II DE BAVIÈRE

Roi, le seul vrai roi de ce siècle, salut, Sire,
Qui voulûtes mourir vengeant votre raison
Des choses de la politique, et du délire
De cette Science intruse dans la maison,

De cette Science assassin de l'Oraison
Et du Chant et de l'Art et de toute la Lyre,
Et simplement, et plein d'orgueil en floraison,
Tuâtes en mourant, salut, Roi ! bravo, Sire !

Vous fûtes un poète, un soldat, le seul Roi
De ce siècle où les rois se font si peu de chose,
Et le martyr de la Raison selon la Foi.

Salut à votre très unique apothéose,
Et que votre âme ait son fier cortège, or et fer,
Sur un air magnifique et joyeux de Wagner.


## PARSIFAL

*À Jules Tellier.*

Parsifal a vaincu les Filles, leur gentil
Babil et la luxure amusante — et sa pente
Vers la Chair de garçon vierge que cela tente
D'aimer les seins légers et ce gentil babil;

Il a vaincu la Femme belle, au cœur subtil,
Étalant ses bras frais et sa gorge excitante;
Il a vaincu l'Enfer et rentre sous sa tente
Avec un lourd trophée à son bras puéril,

Avec la lance qui perça le Flanc suprême !
Il a guéri le roi, le voici roi lui-même,
Et prêtre du très saint Trésor essentiel.

En robe d'or il adore, gloire et symbole,
Le vase pur où resplendit le Sang réel.
— Et, ô ces voix d'enfants chantant dans la coupole !

## SAINT GRAAL

*À Léon Bloy.*

Parfois je sens, mourant des temps où nous vivons
Mon immense douleur s'enivrer d'espérance.
En vain l'heure honteuse ouvre des trous profonds,
En vain bâillent sous nous les désastres sans fonds
Pour engloutir l'abus de notre âpre souffrance,
Le sang de Jésus-Christ ruisselle sur la France.

Le précieux Sang coule à flots de ses autels
Non encor renversés, et coulerait encore
Le fussent-ils, et quand nos malheurs seraient tels
Que les plus forts, cédant à des effrois mortels,
Eux-mêmes subiraient la loi qui déshonore,
De l'ombre des cachots il jaillirait encore.

Il coulerait encor des pierres des cachots,
Descellerait l'horreur des ciments, doux et rouge
Suintement, torrent patient d'oraisons,
D'expiation forte et de bonnes raisons
Contre les lâchetés et les « feu sur qui bouge! »
Et toute guillotine et cette Gueuse rouge!...

Torrent d'amour du Dieu d'amour et de douceur,
Fleuve rafraîchissant du feu qui désaltère,
Fût-ce parmi l'horreur de ce monde moqueur,
Source vive où s'en vient ressusciter le cœur
Même de l'assassin, même de l'adultère,
Salut de la patrie, ô sang qui désaltère!

## « GAIS ET CONTENTS »

*À Charles Vesseron.*

Une chanson folle et légère
Comme le drapeau tricolore
Court furieusement dans l'air,
Fifrant une France âpre encor.

Sa gaîté qui rit d'elle-même
Et du reste en passant se moque
Pourtant veut bien dire : Tandem!
Et vaticine LE grand choc.

Écoutez! le flonflon se pare
Des purs accents de la Patrie,
Espèce de chant du départ
Du gosse effrayant de Paris.

Il est le rhythme, il est la joie,
Il est la Revanche essayée,
Il est l'entrain, il est tout, quoi!
Jusqu'au juron luron qui sied,

Jusqu'au cri de reconnaissance
Qu'on pousse quand il faut qu'on meure
De sang-froid, dans tout son bon sens,
Avec de l'honneur plein son cœur!

## À FERNAND LANGLOIS

Vous vous êtes penché sur ma mélancolie,
Non comme un indiscret, non comme un curieux,
Et vous avez surpris la clef de ma folie,
Tel un consolateur attentif et pieux;

Et vous avez ouvert doucement ma serrure,
Y mettant tout le temps, non ainsi qu'un voleur,
Mais ainsi que quelqu'un qui préserve et rassure
Un triste possesseur peut-être recéleur.

Soyez aimé d'un cœur plus veuf que toutes veuves,
Qui n'avait plus personne en qui pleurer vraiment,
Soyez béni d'une âme errant au bord des fleuves
Consolateurs si mal avec leur air dormant;

Que soient suivis des pas d'un but à la dérive
Hier encor, vos pas eux-mêmes tristes, ô
Si tristes, mais que si bien tristes, et que vive
Encore, alors! mais par vous pour Dieu, ce roseau,

Cet oiseau, ce roseau sous cet oiseau, ce blême
Oiseau sur ce pâle roseau fleuri jadis,
Et pâle et sombre, spectre et sceptre noir : Moi-même!
*Surrexit hodie*, non plus : *de profundis*.

*Fiat !* La défaillance a fini. Le courage
Revient. Sur votre bras permettez qu'appuyé
Je marche en la fraîcheur de l'expirant orage,
Moi-même comme qui dirait défoudroyé.

Là, je vais mieux. Tantôt le calme s'en va naître.
Il naît. Si vous voulez, allons à petits pas,

Devisant de la vie et d'un bonheur peut-être
Non, sans doute, impossible, en somme, n'est-ce pas?


Oui, causons de bonheur. Mais vous? pourquoi si triste,
Vous aussi? Vous si jeune et si triste, ô pourquoi,
Dites? Mais cela vous regarde; et si j'insiste,
C'est uniquement pour vous plaire et non pour moi.


Discrétion sans borne, immense sympathie!
C'est l'heure précieuse, elle est unique, elle est
Angélique. Tantôt l'avez-vous pressentie?
Avez-vous comme su — moi je l'ai — qu'il fallait


Peut-être bien, sans doute, et quoique, et puisque, en
                                              [somme,
Éprouvant tant d'estime et combien de pitié,
Laisser monter en nous, fleur suprême de l'homme,
Franchement, largement, simplement, l'Amitié.


## DÉLICATESSE

*À Mademoiselle Rachilde.*


Tu nous rends l'égal des héros et des dieux,
Et, nous procurant d'être les seuls dandies,
Fais de nos orgueils des sommets radieux,
Non plus ces foyers de troubles incendies.


Tu brilles et luis, vif astre aux rayons doux,
Sur l'horizon noir d'une lourde tristesse.
Par toi surtout nous plaisons au Dieu jaloux,
Choisie, une, fleur du Bien, Délicatesse!

Plus fière fierté, plus pudique pudeur
Qui ne sais rougir à force d'être fière,
Qui ne peux que vaincre en ta sereine ardeur,
Vierge ayant tout su, très paisible guerrière.

Musique pour l'âme et parfum pour l'esprit,
Vertu qui n'es qu'un nom, mais le nom d'un ange,
Noble dame guidant au ciel qui sourit
Notre immense effort de parmi cette fange.


## ANGÉLUS DE MIDI

Je suis dur comme un juif et têtu comme lui,
Littéral, ne faisant le bien qu'avec ennui,
Quand je le fais, et prêt à tout le mal possible;

Mon esprit s'ouvre et s'offre, on dirait une cible;
Je ne puis plus compter les chutes de mon cœur;
La charité se fane aux doigts de la langueur;

L'ennemi m'investit d'un fossé d'eau dormante;
Un parti de mon être a peur et parlemente :
Il me faut à tout prix un secours prompt et fort.

Ce fort secours, c'est vous, maîtresse de la mort
Et reine de la vie, ô Vierge immaculée,
Qui tendez vers Jésus la Face constellée
Pour lui montrer le Sein de toutes les douleurs
Et tendez vers nos pas, vers nos ris, vers nos pleurs
Et vers nos vanités douloureuses les paumes
Lumineuses, les Mains répandeuses de baumes.
Marie, ayez pitié de moi qui ne vaux rien
Dans le Chaste combat du Sage et du Chrétien;
Priez pour mon courage et pour qu'il persévère
Pour de la patience, en cette longue guerre,

À supporter le froid et le chaud des saisons;
Écartez le fléau des mauvaises raisons;
Rendez-moi simple et fort, inaccessible aux larmes,
Indomptable à la peur; mettez-moi sous les armes,
Que j'écrase, puisqu'il le faut, et broie enfin
Tous les vains appétits, et la soif et la faim,
Et l'amour sensuel, cette chose cruelle,
Et la haine encor plus cruelle et sensuelle,
Faites-moi le soldat rapide de vos vœux,
Que pour vous obéir soit le rien que je peux,
Que ce que vous voulez soit tout ce que je puisse!
J'immolerai comme en un calme sacrifice
Sur votre autel honni jadis, baisé depuis,
Le mauvais que je fus, le lâche que je suis.
La sale vanité de l'or qu'on a, l'envie
D'en avoir, mais pas pour le Pauvre, cette vie
Pour soi, quel soi! l'affreux besoin de plaire aux gens,
L'affreux besoin de plaire aux gens trop indulgents,
Hommes prompts aux complots, femmes tôt adultères :
Tous préjugés, mourez sous mes mains militaires!
Mais pour qu'un bien beau fruit récompense ma paix,
Fleurisse dans tout moi la fleur des divins Mais,
Votre amour, Mère tendre, et votre culte tendre.
Ah! vous aimer, n'aimer Dieu que par vous, ne tendre
À lui qu'en vous sans plus aucun détour subtil,
Et mourir avec vous tout près.
                                        Ainsi soit-il!


## À LÉON VALADE


Douze longs ans ont lui depuis les jours si courts
Où le même devoir nous tenait côte à côte!
Hélas! les passions dont mon cœur s'est fait l'hôte
Furieux ont troublé ma paix de ces bons jours;

Et j'ai couru bien loin de nos calmes séjours
Au pourchas du Bonheur, ne trouvant que la Faute;
Le vaste monde autour de ma fuite trop haute
Fondait en vains aspects, ronflait en vains discours...

— L'Orgueil, fol hippogriffe, a replié ses ailes;
Un cœur nouveau fleurit au feu des humbles zèles
Dans mon sein visité par la foudre de Dieu.

Mais l'antique amitié, simple, joyeuse, exacte,
Pendant tout mon désastre, à toute heure, en tout lieu,
— J'en suis fier, mon Valade, — entre nous tint ce pacte.

1881.

## À ERNEST DELAHAYE

Dieu, nous voulant amis parfaits, nous fit tous deux
Gais de cette gaîté qui rit pour elle-même,
De ce rire absolu, colossal et suprême,
Qui s'esclaffe de tous et ne blesse aucun d'eux.

Tous deux nous ignorons l'égoïsme hideux
Qui nargue ce prochain même qu'il faut qu'on aime
Comme soi-même : tels les termes du problème,
Telle la loi totale au texte non douteux.

Et notre rire étant celui de l'innocence,
Il éclate et rugit dans la toute-puissance
D'un bon orage plein de lumière et d'air frais.

Pour le soin du Salut, qui me pique et m'inspire,
J'estime que, parmi nos façons d'être prêts,
Il nous faut mettre au rang des meilleures ce rire.

## À ÉMILE BLÉMONT

La vindicte bourgeoise assassinait mon nom
Chinoisement, à coups d'épingle, quelle affaire!
Et la tempête allait plus âpre dans mon verre.
D'ailleurs du *seul* grief, Dieu bravé, pas un non,

Pas un oui, pas un mot! L'Opinion sévère,
Mais juste, s'en moquait, autant qu'une guenon
De noix vides. Ce bœuf bavant sur son fanon,
Le Public, mâchonnait ma gloire... encore à faire.

L'heure était tentatrice, et plusieurs d'entre ceux
Qui m'aimaient, en dépit de Prudhomme complice,
Tournèrent carrément, furent de mon supplice,

Ou se turent, la Peur les trouvant paresseux.
Mais vous, du premier jour vous fûtes simple, brave,
FIDÈLE : et dans un cœur bien fait cela se grave.


## À CHARLES DE SIVRY

Mon Charles, autrefois mon frère, et pardieu! bien
Encore tel malgré toutes les lois ensemble,
Te souvient-il d'un amoureux qui n'ose et tremble
Et verse le secret de son cœur dans le tien?

Ah! de vivre! Et te souvient-il du fameux Sage,
Austère avec douceur, en route, croyait-il,
Pour un beau Bethléem littéral et subtil,
Entre un berger naïf et quelque très haut mage?

— L'amoureux est un veuf orgueilleux. Ah! de vivre!
Le sage a suspendu son haleine et son livre,
N'aspirant plus en Dieu que par la bonne mort.

Et pourtant, pourtant, comme ils sont toujours le même
Homme du chaste espoir de justes noces qu'aime
Ou non celle qui sous sa tombe d'oubli dort!


## À EMMANUEL CHABRIER


Chabrier, nous faisions, un ami cher et moi,
Des paroles pour vous qui leur donniez des ailes,
Et tous trois frémissions quand, pour bénir nos zèles,
Passait l'Ecce Deus et le Je ne sais quoi.

Chez ma mère charmante et divinement bonne,
Votre génie improvisait au piano,
Et c'était tout autour comme un brûlant anneau
De sympathie et d'aise aimable qui rayonne.

Hélas! ma mère est morte et l'ami cher est mort.
Et me voici semblable au chrétien près du port,
Qui surveille les tout derniers écueils du monde,

Non toutefois sans saluer à l'horizon,
Comme une voile sur le large au blanc frisson,
Le souvenir des frais instants de paix profonde.


## À EDMOND THOMAS


Mon ami, vous m'avez, quoique encore si jeune,
Vu déjà bien divers, mais ondoyant jamais!

Direct et bref, oui : tels les Juins suivent les Mais,
Ou comme un affamé de la veille déjeune.

Homme de primesaut et d'excès, je le suis,
D'aventure et d'erreur, allons, je le concède,
Soit, bien, mais illogique ou mol ou lâche ou tiède
En quoi que ce soit, le dire, je ne le puis,

Je ne le dois! Et ce serait le plus impie
Péché contre le Saint-Esprit, que rien n'expie,
Pour ma foi que l'amour éclaire de son feu,

Et pour mon cœur d'or pur le mensonge suprême,
Puisqu'il n'est de justice, après l'Église et Dieu,
Que celle qu'on se fait, à confesse, soi-même.


## À CHARLES MORICE

Impérial, royal, sacerdotal, comme une
République Française en ce Quatre-vingt-treize,
Brûlant empereur, roi, prêtre dans sa fournaise,
Avec la danse, autour, de la grande Commune;

L'étudiant et sa guitare et sa fortune
À travers les décors d'une Espagne mauvaise,
Mais blanche de pieds nains et noire d'yeux de braise,
Héroïque au soleil et folle sous la lune;

Néoptolème, âme charmante et chaste tête,
Dont je serais en même temps le Philoctète
Au cœur ulcéré plus encor que sa blessure,

Et, pour un conseil froid et bon parfois, l'Ulysse;
Artiste pur, poète où la gloire s'assure;
Cher aux femmes, — cher aux Lettres, — Charles
[Morice!

## À MAURICE DU PLESSYS

Je vous prends à témoin entre tous mes amis,
Vous qui m'avez connu dès l'extrême infortune,
Que je fus digne d'elle, à Dieu seul tout soumis,
Sans criard désespoir ni jactance importune,

Simple dans mon mépris pour des revanches viles
Et dans l'immense effort en détournant leurs coups,
Calme à travers ces sortes de guerres civiles
Où la Faim et l'Honneur eurent leurs tours jaloux,

Et, n'est-ce pas, bon juge, et fier! mon du Plessys,
Qu'en l'amer combat que la gloire revendique,
L'Honneur a triomphé de sorte magnifique?

Aimez-moi donc, aimez, quels que soient les soucis
Plissant parfois mon front et crispant mon sourire,
Ma haute pauvreté plus chère qu'un empire.

## À PROPOS
## D'UN « CENTENAIRE » DE CALDERON
### (1600-1681)

*À José-Maria de Heredia.*

Ce poète terrible et divinement doux,
Plus large que Corneille et plus haut que Shakspeare,
Grand comme Eschyle avec ce souffle qui l'inspire,
Ce Calderon mystique et mythique est à nous.

Oui, cette gloire est nôtre, et nous voici jaloux
De le dire bien haut à ce siècle en délire :
Calderon, catholique avant tout, noble lyre
Et saints accents, et bon catholique avant tous,

Salut! Et qu'est ce bruit fâcheux d'académies,
De concours, de discours, autour de ce grand mort
En éveil parmi tant de choses endormies?

Laissez rêver, laissez penser son Œuvre fort
Qui plane, loin d'un siècle impie et ridicule,
Au-dessus, au-delà des colonnes d'Hercule!

                                    Mai 1881.


## À VICTOR HUGO

### EN LUI ENVOYANT « SAGESSE »

Nul parmi vos flatteurs d'aujourd'hui n'a connu
Mieux que moi la fierté d'admirer votre gloire :
Votre nom m'enivrait comme un nom de victoire,
Votre œuvre, je l'aimais d'un amour ingénu.

Depuis, la Vérité m'a mis le monde à nu.
J'aime Dieu, son Église, et ma vie est de croire
Tout ce que vous tenez, hélas! pour dérisoire,
Et j'abhorre en vos vers le Serpent reconnu.

J'ai changé. Comme vous. Mais d'une autre manière.
Tout petit que je suis j'avais aussi le droit
D'une évolution, la bonne, la dernière.

Or, je sais la louange, ô maître, que vous doit
L'enthousiasme ancien; la voici franche, pleine,
Car vous me fûtes doux en des heures de peine.

                                    1881.

## SAINT BENOÎT-JOSEPH LABRE

### JOUR DE LA CANONISATION

Comme l'Église est bonne en ce siècle de haine,
D'orgueil et d'avarice et de tous les péchés,
D'exalter aujourd'hui le caché des cachés,
Le doux entre les doux à l'ignorance humaine

Et le mortifié sans paix que la Foi mène,
Saignant de pénitence et blanc d'extase, chez
Les peuples et les saints, qui, tous sens détachés,
Fit de la Pauvreté son épouse et sa reine,

Comme un autre Alexis, comme un autre François,
Et fut le Pauvre affreux, angélique, à la fois
Pratiquant la douceur, l'horreur de l'Évangile!

Et pour ainsi montrer au monde qu'il a tort
Et que les pieds crus d'or et d'argent sont d'argile,
Comme l'Église est tendre et que Jésus est fort!


## PARABOLES

Soyez béni, Seigneur, qui m'avez fait chrétien
Dans ces temps de féroce ignorance et de haine;
Mais donnez-moi la force et l'audace sereine,
De vous être à toujours fidèle comme un chien,

De vous être l'agneau destiné qui suit bien
Sa mère et ne sait faire au pâtre aucune peine,
Sentant qu'il doit sa vie encore, après sa laine,
Au maître, quand il veut utiliser ce bien,

Le poisson, pour servir au Fils de monogramme,
L'ânon obscur qu'un jour en triomphe il monta,
Et, dans ma chair, les porcs qu'à l'abîme il jeta.

Car l'animal, meilleur que l'homme et que la femme,
En ces temps de révolte et de duplicité,
Fait son humble devoir avec simplicité.


## SONNET HÉROÏQUE


La Gueule parle : « L'or, et puis encore l'or,
Toujours l'or, et la viande, et les vins, et la viande,
Et l'or pour les vins fins et la viande, on demande
Un trou sans fond pour l'or toujours et l'or encor! »

La Panse dit : « A moi la chute du trésor!
La viande, et les vins fins, et l'or, toute provende,
À moi! Dégringolez dans l'outre toute grande
Ouverte du seigneur Nabuchodonosor! »

L'œil est de pur cristal dans les suifs de la face :
Il brille, net et franc, près du vrai, rouge et faux,
Seule perfection parmi tous les défauts.

L'âme attend vainement un remords efficace,
Et dans l'impénitence agonise de faim
Et de soif, et sanglote en pensant à La Fin.

1881.

## DRAPEAU VRAI

*À Raymond de La Tailhède.*

Le soldat qui sait bien et veut bien son métier
Sera l'homme qu'il faut au Devoir inflexible :
Le Devoir, qu'il combatte ou qu'il tire à la cible,
Qu'il s'essore à la mort ou batte un plat sentier;

Le Devoir, qu'il subisse (et l'aime!) un ordre altier
Ou repousse le bas conseil de tel horrible
Dégoût; le Devoir bon, le Devoir dur, le crible
Où restent les défauts de l'homme tout entier;

Le Devoir saint, la fière et douce Obéissance,
Rappel de la Famille en dépit de la France
Actuelle, au mépris de cette France-là!

Famille, foyer, France antique et l'immortelle,
Le Devoir seul devoir, le Soldat qu'appela
D'avance cette France : or l'Espérance est telle.

## PENSÉE DU SOIR

*À Ernest Raynaud.*

Couché dans l'herbe pâle et froide de l'exil,
Sous les ifs et les pins qu'argente le grésil,
Ou bien errant, semblable aux formes que suscite
Le rêve, par l'horreur du paysage scythe,
Tandis qu'autour, pasteurs de troupeaux fabuleux,
S'effarouchent les blancs Barbares aux yeux bleus,

Le poète de l'Art d'Aimer, le tendre Ovide
Embrasse l'horizon d'un long regard avide
Et contemple la mer immense tristement.

Le cheveu poussé rare et gris que le tourment
Des bises va mêlant sur le front qui se plisse,
L'habit troué livrant la chair au froid, complice,
Sous l'aigreur du sourcil tordu l'œil terne et las,
La barbe épaisse, inculte et presque blanche, hélas!
Tous ces témoins qu'il faut d'un deuil expiatoire
Disent une sinistre et lamentable histoire
D'amour excessif, d'âpre envie et de fureur
Et quelque responsabilité d'Empereur.
Ovide morne pense à Rome, et puis encore
À Rome que sa gloire illusoire décore.

Or, Jésus! vous m'avez justement obscurci :
Mais n'étant pas Ovide, au moins je suis ceci.


## PAYSAGES

*À Anatole Baju.*

Au pays de mon père on voit des bois sans nombre.
Là des loups font parfois luire leurs yeux dans l'ombre
Et la myrtille est noire au pied du chêne vert.
Noire de profondeur, sur l'étang découvert,
Sous la bise soufflant balsamiquement dure
L'eau saute à petits flots, minéralement pure.
Les villages de pierre ardoisière aux toits bleus
Ont leur pacage et leur labourage autour d'eux.
Du bétail non pareil s'y fait des chairs friandes
Sauvagement un peu parmi les hautes viandes;
Et l'habitant, grâce à la Foi sauve, est heureux.

Au pays de ma mère est un sol plantureux
Où l'homme, doux et fort, vit prince de la plaine,
De patients travaux pour quelles moissons pleine,

Avec, rares, des bouquets d'arbres et de l'eau.
L'industrie a sali par places ce tableau
De paix patriarcale et de campagne dense
Et compromis jusqu'à des points cette abondance,
Mais l'ensemble est resté, somme toute, très bien.
Le peuple est froid et chaud, non sans un fond chrétien.
Belle, très au-dessus de toute la contrée,
Se dresse éperdument la tour démesurée
D'un gothique beffroi sur le ciel balancé,
Attestant les devoirs et les droits du passé,
Et tout en haut de lui le grand lion de Flandre
Hurle en cris d'or dans l'air moderne : « Osez les
                                            [prendre! »


Le pays de mon rêve est un site charmant
Qui tient des deux aspects décrits précédemment :
Quelque âpreté se mêle aux saveurs géorgiques.
L'amour et le loisir même sont énergiques,
Calmes, équilibrés sur l'ordre et le devoir.
La vierge en général s'abstient du nonchaloir
Dangereux aux vertus, et l'amant qui la presse
A coutume avant tout d'éviter la paresse
Où le vice puisa ses armes en tout temps,
Si bien qu'en mon pays tous les cœurs sont contents,
Sont, ou plutôt étaient.          Au cœur ou dans la tête,
La tempête est venue. Est-ce bien la tempête?
En tout cas, il y eut de la grêle et du feu,
Et la misère, et comme un abandon de Dieu.
La mortalité fut sur les mères taries
Des troupeaux rebutés par l'herbe des prairies
Et les jeunes sont morts après avoir langui
D'un sort qu'on croyait parti d'où, jeté par qui?
Dans les champs ravagés la terre diluée
Comme une pire mer flotte en une buée.
Des arbres détrempés les oiseaux sont partis,
Laissant leurs nids et des squelettes de petits.

D'amours de fiancés, d'union des ménages
Il n'est plus question dans mes tristes parages.
Mais la croix des clochers doucement toujours luit,
Dans les cages plus d'une cloche encore bruit,
Et, béni signal d'espérance et de refuge,
L'arc-en-ciel apparaît comme après le déluge.


## LUCIEN LÉTINOIS


### I

Mon fils est mort. J'adore, ô mon Dieu, votre loi.
Je vous offre les pleurs d'un cœur presque parjure;
Vous châtiez bien fort et parferez la foi
Qu'alanguissait l'amour pour une créature.

Vous châtiez bien fort. Mon fils est mort, hélas!
Vous me l'aviez donné, voici que votre droite
Me le reprend à l'heure où mes pauvres pieds las
Réclamaient ce cher guide en cette route étroite.

Vous me l'aviez donné, vous me le reprenez :
Gloire à vous! J'oubliais beaucoup trop votre gloire
Dans la langueur d'aimer mieux les trésors donnés
Que le Munificent de toute cette histoire.

Vous me l'aviez donné; je vous le rends très pur,
Tout pétri de vertu, d'amour et de simplesse.
C'est pourquoi, pardonnez, Terrible, à celui sur
Le cœur de qui, Dieu fort, sévit cette faiblesse.

Et laissez-moi pleurer et faites-moi bénir
L'élu dont vous voudrez certes que la prière
Rapproche un peu l'instant si bon de revenir
À lui dans Vous, Jésus, après ma mort dernière.

## II

Car vraiment j'ai souffert beaucoup!
Débusqué, traqué comme un loup
Qui n'en peut plus d'errer en chasse
Du bon repos, du sûr abri,
Et qui fait des bonds de cabri
Sous les coups de toute une race.

La Haine et l'Envie et l'Argent,
Bons limiers au flair diligent,
M'entourent, me serrent. Ça dure
Depuis des jours, depuis des mois,
Depuis des ans! Dîner d'émois,
Souper d'effrois, pitance dure!

Mais, dans l'horreur du bois natal,
Voici le Lévrier fatal,
Ma Mort. — Ah! la bête et la brute! —
Plus qu'à moitié mort, moi, la Mort
Pose sur moi sa patte et mord
Ce cœur, sans achever la lutte!

Et je reste sanglant, tirant
Mes pas saignants vers le torrent
Qui hurle à travers mon bois chaste
— Laissez-moi mourir au moins, vous,
Mes frères pour de bon, les Loups! —
Que ma sœur, la Femme, dévaste.

## III

Ô la Femme! Prudent, sage, calme ennemi,
N'exagérant jamais ta victoire à demi,
Tuant tous les blessés, pillant tout le butin,
Et répandant le fer et la flamme au lointain,

Ou bon ami, peu sûr mais tout de même bon,
Et doux, trop doux souvent, tel un feu de charbon
Qui berce le loisir, vous l'amuse et l'endort,
Et parfois induit le dormeur en telle mort
Délicieuse par quoi l'âme meurt aussi!
Femme à jamais quittée, ô oui! reçois ici,
Non sans l'expression d'un injuste regret,
L'insulte d'un qu'un seul remords ramènerait.
Mais comme tu n'as pas de remords plus qu'un if
N'a d'ombre vive, c'est l'adieu définitif,
Arbre fatal sous qui gît mal l'Humanité,
Depuis Éden jusques à Ce Jour Irrité.


IV

Ma cousine Élisa, presque une sœur aînée,
Mieux qu'une sœur, ô toi, voici donc ramenée
La saison de malheur où tu me quittas pour
Ce toujours, — ce jamais! Le voici de retour
Le jour affreux qui m'a sevré de l'aile douce
Où m'abriter contre tel chagrin de Tom Pouce,
Tel bobo. Certes oui, pauvre maman était
Bien, trop! bonne, et mon cœur à la voir palpitait,
Tressautait, et riait, et pleurait de l'entendre.
Mais toi, je t'aimais autrement, non pas plus tendre,
Plus familier, voilà. Car la Mère est toujours
Au fond redoutée un petit et respectée
Absolument, tandis qu'à jamais regrettée,
Tu m'apparais, chère ombre, ainsi qu'en ton vivant,
Blonde et rose au profil pourtant grave et rêvant,
Avec de beaux yeux bleus où s'instruisait mon âme
De tout petit garçon, et plus tard, où la flamme
De ma forte amitié chaste d'adolescent,
Puis d'homme, mettait un reflet incandescent.
Et tu me fus d'abord guide, puis camarade,
Puis ami, non amie (une nuance fade).

Et tu dors maintenant après m'avoir béni.
Mais je sens bien qu'en moi quelque chose est fini.

v

J'ai la fureur d'aimer. Mon cœur si faible est fou.
N'importe quand, n'importe quel et n'importe où,
Qu'un éclair de beauté, de vertu, de vaillance
Luise, il s'y précipite, il y vole, il s'y lance,
Et, le temps d'une étreinte, il embrasse cent fois
L'être ou l'objet qu'il a poursuivi de son choix;
Puis, quand l'illusion a replié son aile,
Il revient triste et seul bien souvent, mais fidèle,
Et laissant aux ingrats quelque chose de lui,
Sang ou chair. Mais, sans plus mourir dans son ennui,
Il embarque aussitôt pour l'île des Chimères
Et n'en apporte rien que des larmes amères
Qu'il savoure, et d'affreux désespoirs d'un instant,
Puis rembarque.

         — Il est brusque et volontaire tant
Qu'en ses courses dans les infinis il arrive,
Navigateur têtu, qu'il va droit à la rive,
Sans plus s'inquiéter que s'il n'existait pas
De l'écueil proche qui met son esquif à bas.
Mais lui fait de l'écueil un tremplin et dirige
Sa nage vers le bord. L'y voilà. Le prodige
Serait qu'il n'eût pas fait avidement le tour
Du matin jusqu'au soir et du soir jusqu'au jour,
Et le tour et le tour encor du promontoire.
Et rien! Pas d'arbres ni d'herbes, pas d'eau pour boire,
La faim, la soif, et les yeux brûlés de soleil,
Et nul vestige humain, et pas un cœur pareil!
Non pas à lui, — jamais il n'aura son semblable, —
Mais un cœur d'homme, un cœur vivant, un cœur
                                    [palpable,
Fût-il faux, fût-il lâche, un cœur! quoi, pas un cœur!
Il attendra, sans rien perdre de sa vigueur

Que la fièvre soutient et l'amour encourage,
Qu'un bateau montre un bout de mât dans ce parage,
Et fera des signaux qui seront aperçus :
Tel il raisonne. Et puis fiez-vous là-dessus ! —
Un jour, il restera non vu, l'étrange apôtre.
Mais que lui fait la mort, sinon celle d'un autre ?
Ah, ses morts ! Ah, ses morts, mais il est plus mort
　　　　　　　　　　　　　　　　　　　[qu'eux !
Quelque fibre toujours de son esprit fougueux
Vit dans leur fosse, y puise une tristesse douce ;
Il les aime comme un oiseau son nid de mousse ;
Leur mémoire est son cher oreiller, il y dort,
Il rêve d'eux, les voit, cause avec et n'en sort,
Plein d'eux, que pour encor quelque effrayante affaire.
J'ai la fureur d'aimer. Qu'y faire ? Ah, laisser faire !


VI


Ô ses lettres d'alors ! les miennes elles-mêmes !
Je ne crois pas qu'il soit des choses plus suprêmes.
J'étais, je ne puis dire mieux, vraiment très bien,
Ou plutôt, je puis dire tout, vraiment chrétien.
J'éclatais de sagesse et de sollicitude,
Je mettais tout mon soin pieux, toute l'étude
Dont tout mon être était capable, à confirmer
Cette âme dans l'effort de prier et d'aimer.
Oui, j'étais devant Dieu qui m'écoute, si j'ose
Le dire, quel que soit l'orgueil fou que suppose
Un tel serment juré sur sa tête qui dort,
Pur comme un saint et mûr pour cette bonne mort
Qu'aujourd'hui j'entrevois à travers bien des doutes.
Mais lui ! ses lettres ! l'ange ignorant de nos routes,
Le pur esprit vêtu d'une innocente chair !
Ô souvenir, de tous peut-être mon plus cher !
Mots frais, la phrase enfant, style naïf et chaste
Où marche la vertu dans la sorte de faste,

Déroulement d'encens, cymbales de cristal,
Qui sied à la candeur de cet âge natal,
Vingt ans!
            Trois ans après il naissait dans la gloire
Éternelle, emplissant à jamais ma mémoire.


### VII

Mon fils est brave : il va sur son cheval de guerre,
Sans reproche et sans peur par la route du bien,
Un dur chemin d'embûche et de piège où naguère
Encore il fut blessé, mais vainquit en chrétien.

Mon fils est fier : en vain sa jeunesse et sa force
L'invitent au plaisir par les langueurs du soir,
Mon enfant se remet, rit de la vile amorce,
Et, les yeux en avant, aspire au seul devoir.

Mon fils est bon : un jour que du bout de son aile
Le soupçon d'une faute effleurait mes cheveux,
Mon enfant, pressentant l'angoisse paternelle,
S'en vint me consoler en de nobles aveux.

Mon fils est fort : son cœur était méchant, maussade,
Irrité, dépité, mon enfant dit : « Tout beau,
Ceci ne sera pas. Au médecin, malade ! »
Vint au prêtre, et partit avec un cœur nouveau.

Mais surtout que mon fils est beau! Dieu l'environne
De lumière et d'amour, parce qu'il fut pieux
Et doux et digne encor de la Sainte Couronne
Réservée aux soldats du combat pour les cieux.

Chère tête un instant courbée, humiliée
Sous le Verbe éternel du Règne triomphant,
Sois bénie à présent que réconciliée.
— Et je baise le front royal de mon enfant!

## VIII

Ô l'odieuse obscurité
Du jour le plus gai de l'année
Dans la monstrueuse cité
Où se fit notre destinée!

Au lieu du bonheur attendu,
Quel deuil profond, quelles ténèbres!
J'en étais comme un mort, et tu
Flottais en des pensers funèbres.

La nuit croissait avec le jour
Sur notre vitre et sur notre âme,
Tel un pur, un sublime amour
Qu'eût étreint la luxure infâme;

Et l'affreux brouillard refluait
Jusqu'en la chambre où la bougie
Semblait un reproche muet
Pour quelque lendemain d'orgie.

Un remords de péché mortel
Serrait notre cœur solitaire...
Puis notre désespoir fut tel
Que nous oubliâmes la terre,

Et que, pensant au seul Jésus
Né rien que pour nous ce jour même,
Notre foi prenant le dessus
Nous éclaira du jour suprême.

— Bonne tristesse qu'aima Dieu!
Brume dont se voilait la Grâce,
Crainte que l'éclat de son feu
Ne fatiguât notre âme lasse.

Délicates attentions
D'une Providence attendrie!...
Ô parfois encore soyons
Ainsi tristes, âme chérie!

## IX

Tout en suivant ton blanc convoi, je me disais
Pourtant : C'est vrai, Dieu t'a repris quand tu faisais
Sa joie et dans l'éclair de ta blanche innocence,
Plus tard la Femme eût mis sans doute en sa puissance
Ton cœur ardent vers elle affrontée un moment
Seulement et t'ayant laissé le tremblement
D'elle, et du trouble en l'âme à cause d'une étreinte;
Mais tu t'en détournas bientôt par noble crainte
Et revins à la simple, à la noble Vertu,
Tout entier à fleurir, lys un instant battu
Des passions, et plus viril après l'orage,
Plus magnifique pour le céleste suffrage
Et la gloire éternelle... Ainsi parlait ma foi.

Mais quelle horreur de suivre, ô toi! ton blanc convoi!

## X

Il patinait merveilleusement,
S'élançant, qu'impétueusement!
R'arrivant si joliment vraiment!

Fin comme une grande jeune fille,
Brillant, vif et fort, telle une aiguille,
La souplesse, l'élan d'une anguille.

Des jeux d'optique prestigieux,
Un tourment délicieux des yeux,
Un éclair qui serait gracieux.

Parfois il restait comme invisible,
Vitesse en route vers une cible
Si lointaine, elle-même invisible...

Invisible de même aujourd'hui.
Que sera-t-il advenu de lui?
Que sera-t-il advenu de lui?


XI


La Belle au Bois dormait. Cendrillon sommeillait.
Madame Barbe-bleue? elle attendait ses frères;
Et le petit Poucet, loin de l'ogre si laid,
Se reposait sur l'herbe en chantant des prières.

L'Oiseau couleur-de-temps planait dans l'air léger
Qui caresse la feuille au sommet des bocages
Très nombreux, tout petits, et rêvant d'ombrager
Semaille, fenaison, et les autres ouvrages.

Les fleurs des champs, les fleurs innombrables des
[champs,
Plus belles qu'un jardin où l'Homme a mis ses tailles,
Ses coupes et son goût à lui, — les fleurs des gens! —
Flottaient comme un tissu très fin dans l'or des pailles,

Et, fleurant simple, ôtaient au vent sa crudité,
Au vent fort, mais alors atténué, de l'heure
Où l'après-midi va mourir. Et la bonté
Du paysage au cœur disait : Meurs ou demeure!

Les blés encore verts, les seigles déjà blonds
Accueillaient l'hirondelle en leur flot pacifique.
Un tas de voix d'oiseaux criait vers les sillons
Si doucement qu'il ne faut pas d'autre musique...

Peau-d'Ane rentre. On bat la retraite — écoutez! —
Dans les États voisins de Riquet-à-la-Houppe,
Et nous joignons l'auberge, enchantés, esquintés,
Le bon coin où se coupe et se trempe la soupe!

## XII

Je te vois encore à cheval
Tandis que chantaient les trompettes,
Et ton petit air martial
Chantait aussi quand les trompettes;

Je te vois toujours en treillis
Comme un long Pierrot de corvée
Très élégant sous le treillis,
D'une allure toute trouvée;

Je te vois autour des canons,
Frêles doigts dompteurs de colosses,
Grêle voix pleine de crés noms,
Bras chétifs vainqueurs de colosses;

Et je te rêvais une mort
Militaire, sûre et splendide,
Mais Dieu vint qui te fit la mort
Confuse de la typhoïde...

Seigneur, j'adore vos desseins,
Mais comme ils sont impénétrables!
Je les adore, vos desseins,
Mais comme ils sont impénétrables!

## XIII

Le petit coin, le petit nid
Que j'ai trouvés,

Les grands espoirs que j'ai couvés,
  Dieu les bénit.
Les heures des fautes passées
  Sont effacées
Au pur cadran de mes pensées.

L'innocence m'entoure et toi,
  Simplicité,
Mon cœur par Jésus visité
  Manque de quoi?
Ma pauvreté, ma solitude,
  Pain dur, lit rude,
Quel soin jaloux! l'exquise étude!

L'âme aimante au cœur fait exprès,
  Ce dévouement,
Viennent donner un dénouement
  Calme et si frais
À la détresse de ma vie
  Inassouvie
D'avoir satisfait toute envie!

Seigneur, ô merci. N'est-ce pas
  La bonne mort?
Aimez mon patient effort
  Et nos combats.
Les miens et moi, le ciel nous voie
  Par l'humble voie
Entrer, Seigneur, dans Votre joie.


## XIV

Notre essai de culture eut une triste fin,
Mais il fit mon délice un long temps et ma joie :
J'y voyais se développer ton être fin
Dans ce bon travail qui bénit ceux qu'il emploie :

J'y voyais ton profil fluet sur l'horizon
Marcher comme à pas vifs derrière la charrue,
Gourmandant les chevaux ainsi que de raison,
Sans colère, et criant diah et criant hue;

Je te voyais herser, rouler, faucher parfois,
Consultant les anciens, inquiet d'un nuage,
L'hiver à la batteuse ou liant dans nos bois;
Je t'aidais, vite hors d'haleine et tout en nage.

Le dimanche, en l'éveil des cloches, tu suivais
Le chemin des jardins pour aller à la Messe;
Après midi, l'auberge une heure où tu buvais
Pour dire, et puis la danse aux soirs de grand'liesse...

Hélas! tout ce bonheur que je croyais permis,
Vertu, courage à deux, non mépris de la foule,
Mais pitié d'elle avec très peu de bons amis,
Croula dans des choses d'argent comme un mur croule.

Après, tu meurs! — Un dol sans pair livre à la Faim
Ma fierté, ma vigueur, et la gloire apparue...
Ah! frérot! est-ce enfin là-haut ton spectre fin
Qui m'appelle à grands bras derrière la charrue?

## XV

Puisque encore déjà la sottise tempête,
Explique alors la chose, ô malheureux poëte.

Je connus cet enfant, mon amère douceur,
Dans un pieux collège où j'étais professeur.
Ses dix-sept ans mutins et maigres, sa réelle
Intelligence, et la pureté vraiment belle
Que disaient et ses yeux et son geste et sa voix,
Captivèrent mon cœur et dictèrent mon choix

De lui pour fils, puisque, mon vrai fils, mes entrailles,
On me le cache en manière de représailles
Pour je ne sais quels torts charnels et surtout pour
Un fier départ à la recherche de l'amour
Loin d'une vie aux platitudes résignée!
Oui, surtout et plutôt pour ma fuite indignée
En compagnie illustre et fraternelle vers
Tous les points du physique et moral univers,
— Il paraît que des gens dirent jusqu'à Sodome, —
Où mourussent les cris de Madame Prudhomme!

Je lui fis part de mon dessein. Il accepta.

Il avait des parents qu'il aimait, qu'il quitta
D'esprit pour être mien, tout en restant son maître
Et maître de son cœur, de son âme peut-être,
Mais de son esprit, plus.
      Ce fut bien, ce fut beau,
Et c'eût été trop bon, n'eût été le tombeau.
Jugez.
    En même temps que toutes mes idées
(Les bonnes!) entraient dans son esprit, précédées
De l'Amitié jonchant leur passage de fleurs,
De lui, simple et blanc comme un lys calme aux couleurs
D'innocence candide et d'espérance verte,
L'Exemple descendait sur mon âme entr'ouverte
Et sur mon cœur qu'il pénétrait, plein de pitié,
Par un chemin semé des fleurs de l'Amitié;
Exemple des vertus joyeuses, la franchise,
La chasteté, la foi naïve dans l'Église,
Exemple des vertus austères, vivre en Dieu,
Le chérir en tout temps et le craindre en tout lieu,
Sourire, que l'instant soit léger ou sévère,
Pardonner, qui n'est pas une petite affaire!

Cela dura six ans, puis l'ange s'envola.
Dès lors je vais hagard et comme ivre. Voilà.

## XVI

Cette adoption de toi pour mon enfant
Puisque l'on m'avait volé mon fils réel,
Elle n'était pas dans les conseils du ciel,
Je me le suis dit, en pleurant, bien souvent;

Je me le suis dit toujours devant ta tombe
Noire de fusains, blanche de marguerites;
Elle fut sans doute un de ces démérites
Cause de ces maux où voici que je tombe.

Ce fut, je le crains, un faux raisonnement.
À bien réfléchir, je n'avais pas le droit,
Pour me consoler dans mon chemin étroit,
De te choisir, même ô si naïvement,

Même ô pour ce plan d'humble vertu cachée :
Quelques champs autour d'une maison sans faste
Que connaît le pauvre, et sur un bonheur chaste
La grâce de Dieu complaisamment penchée!

Fallait te laisser, pauvre et gai, dans ton nid,
Ne pas te mêler à mes jeux orageux,
Et souffrir l'exil en proscrit courageux,
L'exil loin du fils né d'un amour bénit.

Il me reviendrait, le fils des justes noces,
À l'époque d'être au moment d'être un homme,
Quand il comprendrait, quand il sentirait comme
Son père endura de sottises féroces!

Cette adoption fut le fruit défendu;
J'aurais dû passer dans l'odeur et le frais
De l'arbre et du fruit sans m'arrêter auprès.
Le ciel m'a puni... J'aurais dû, j'aurais dû!

## XVII

Ce portrait qui n'est pas ressemblant,
Qui fait roux tes cheveux noirs plutôt,
Qui fait rose ton teint brun plutôt,
Ce pastel, comme il est ressemblant!

Car il peint la beauté de ton âme,
La beauté de ton âme un peu sombre,
Mais si claire au fond que, sur mon âme,
Il a raison de n'avoir pas d'ombre.

Tu n'étais pas beau dans le sens vil
Qu'il paraît qu'il faut pour plaire aux dames,
Et, pourtant, de face et de profil,
Tu plaisais aux hommes comme aux femmes.

Ton nez certes n'était pas si droit,
Mais plus court qu'il n'est dans le pastel,
Mais plus vivant que dans le pastel,
Mais aussi long et droit que de droit.

Ta lèvre et son ombre de moustache
Fut rouge moins qu'en cette peinture
Où tu n'as pas du tout de moustache,
Mais c'est ta souriance si pure.

Ton port de cou n'était pas si dur,
Mais flexible, et d'un aigle et d'un cygne;
Car ta fierté parfois primait sur
Ta douceur dive et ta grâce insigne.

Mais tes yeux, ah! tes yeux, c'est bien eux,
Leur regard triste et gai, c'est bien lui,
Leur éclat apaisé, c'est bien lui.
Ces sourcils orageux, que c'est eux!

Ah! portrait qu'en tous les lieux j'emporte
Où m'emporte une fausse espérance,
Ah! pastel spectre, te voir m'emporte
Où? parmi tout, jouissance et transe!

Ô l'élu de Dieu, priez pour moi,
Toi qui sur terre étais mon bon ange;
Car votre image, plein d'alme émoi,
Je la vénère d'un culte étrange.


XVIII

Âme, te souvient-il, au fond du paradis,
De la gare d'Auteuil et des trains de jadis
T'amenant chaque jour, venus de La Chapelle?
Jadis déjà! Combien pourtant je me rappelle
Mes stations au bas du rapide escalier
Dans l'attente de toi, sans pouvoir oublier
Ta grâce en descendant les marches, mince et leste
Comme un ange le long de l'échelle céleste,
Ton sourire amical ensemble et filial,
Ton serrement de main cordial et loyal,
Ni tes yeux d'innocent, doux mais vifs, clairs et sombres,
Qui m'allaient droit au cœur et pénétraient mes ombres.
Après les premiers mots de bonjour et d'accueil,
Mon vieux bras dans le tien, nous quittions cet Auteuil
Et, sous les arbres pleins d'une gente musique,
Notre entretien était souvent métaphysique.
Ô tes forts arguments, ta foi du charbonnier!
Non sans quelque tendance, ô si franche! à nier,
Mais si vite quittée au premier pas du doute!
Et puis nous rentrions, plus que lents, par la route
Un peu des écoliers, chez moi, chez nous plutôt,
Y déjeuner de rien, fumailler vite et tôt,
Et dépêcher longtemps une vague besogne.

Mon pauvre enfant, ta voix dans le Bois de Boulogne!

### XIX

Il m'arrivait souvent, seul avec ma pensée,
— Pour le fils de son nom tel un père de chair, —
D'aimer à te rêver dans un avenir cher
La parfaite, la belle et sage fiancée.

Je cherchais, je trouvais, jamais content assez,
Amoureux tout d'un coup et prompt à me reprendre,
Tour à tour confiant et jaloux, froid et tendre,
Me crispant en soupçons, plein de soins empressés,

Prenant ta cause enfin jusqu'à tenir ta place,
Tant j'étais tien, que dis-je là? tant j'étais toi,
Un toi qui t'aimait mieux, savait mieux qui et quoi,
Discernait ton bonheur de quel cœur perspicace!

Puis, comme ta petite femme s'incarnait,
Toute prête, vertu, bon nom, grâce et le reste,
Ô nos projets! voici que le Père céleste,
Mieux informé, rompit le mariage net,

Et ravit, pour la Seule épouse, pour la Gloire
Éternelle, ton âme aux plus ultimes cieux,
En attendant que ressuscite glorieux
Ton corps, aimable et fin compagnon de victoire.

### XX

Tu mourus dans la salle Serre,
À l'hospice de la Pitié :
On avait jugé nécessaire
De t'y mener mort à moitié.

J'ignorais cet acte funeste.
Quand j'y courus et que j'y fus,

Ce fut pour recueillir le reste
De ta vie en propos confus.

Et puis, et puis, je me rappelle
Comme d'hier, en vérité :
Nous obtenons qu'à la chapelle
Un service en noir soit chanté :

Les cierges autour de la bière
Flambent comme des yeux levés
Dans l'extase d'une prière
Vers des paradis retrouvés;

La croix du tabernacle et celle
De l'absoute luisent ainsi
Qu'un espoir infini que scelle
La Parole et le Sang aussi;

La bière est blanche qu'illumine
La cire et berce le plain-chant
De promesse et de paix divine,
Berceau plus frêle et plus touchant.


XXI

Si tu ne mourus pas entre mes bras,
Ce fut tout comme, et de ton agonie,
J'en vis assez, ô détresse infinie!
Tu délirais, plus pâle que tes draps;

Tu me tenais, d'une voix trop lucide,
Des propos doux et fous, « que j'étais mort,
Que c'était triste », et tu serrais très fort
Ma main tremblante, et regardais à vide;

Je me tournais, n'en pouvant plus de pleurs,
Mais ta fièvre voulait suivre son thème,

Tu m'appelais par mon nom de baptême,
Puis ce fut tout, ô douleur des douleurs!

J'eusse en effet dû mourir à ta place,
Toi debout, là, présidant nos adieux!...
Je dis cela faute de dire mieux.
Et pardonnez, Dieu juste, à mon audace.

## XXII

L'affreux Ivry dévorateur
A tes reliques dans sa terre
Sous de pâles fleurs sans odeur
Et des arbres nains sans mystère.

Je laisse les charniers flétris
Où gît la moitié de Paris.

Car, mon fils béni, tu reposes
Sur le territoire d'Ivry-
Commune, où, du moins, mieux encloses,
Les tombes dorment à l'abri

Du flot des multitudes bêtes,
Les dimanches, jeudis et fêtes.

Le cimetière est trivial
Dans la campagne révoltante,
Mais je sais le coin filial
Où ton corps a planté sa tente.

— Ami, je viens parler à toi.
— Commence par prier pour moi.

Bien pieusement je me signe
Devant la croix de pierre et dis
En sanglotant à chaque ligne
Un très humble *De profundis*.

— Alors ta belle âme est sauvée?
— Mais par quel désir éprouvée!

Les fleurettes du jardinet
Sont bleuâtres et rose tendre
Et blanches, et l'on reconnaît
Des soins qu'il est juste d'attendre.

— Le désir, sans doute, de Dieu?
— Oui, rien n'est plus dur que ce feu.

Les couronnes renouvelées
Semblent d'agate et de cristal;
Des feuilles d'arbres des allées
Tournent dans un grand vent brutal.

— Comme tu dois souffrir, pauvre âme!
— Rien n'est plus doux que cette flamme.

Voici le soir gris qui descend;
Il faut quitter le cimetière,
Et je m'éloigne en t'adressant
Une invocation dernière :

— Âme vers Dieu, pensez à moi.
— Commence par prier pour toi.

### XXIII

Ô Nouvelle-Forêt! nom de féerie et d'armes!
Le mousquet a souvent rompu philtres et charmes
Sous tes rameaux où le rossignol s'effarait.
Ô Shakspeare! ô Cromwell! ô Nouvelle-Forêt!
Nom désormais joli seulement, plus tragique
Ni magique, mais, par une aimable logique,
Encadrant Lymington, vieux bourg, le plus joli
Et le plus vieux des bourgs jadis guerriers, d'un pli

D'arbres sans nombre vains de leur grâce hautaine,
Avec la mer qui rêve haut, pas très lointaine,
Comme un puissant écho des choses d'autrefois.
J'y vécus solitaire, ou presque, quelques mois,
Solitaire et caché, — comme, tapi sous l'herbe,
Tout ce passé dormant aux pieds du bois superbe,
Non sans, non plus, dans l'ombre et le silence fiers,
Moi, le cri sourd de mes avant-derniers hiers,
Passion, ironie, atroce grosse joie!
Non sans, non plus, sur la dive corde de soie
Et d'or du cœur désormais pur, cette chanson,
La meilleure! d'amour filial au frisson
Béni certes. — Ô ses lettres dans la semaine
Par la boîte vitrée, et que fou je promène,
Fou de plaisir, à travers bois, les relisant
Cent fois. — Et cet Ivry-commune d'à-présent!


### XXIV

Ta voix grave et basse
Pourtant était douce
Comme du velours,
Telle, en ton discours,
Sur de sombre mousse
De belle eau qui passe.


Ton rire éclatait
Sans gêne et sans art,
Franc, sonore et libre,
Tel, au bois qui vibre,
Un oiseau qui part
Trillant son motet.


Cette voix, ce rire
Font dans ma mémoire
Qui te voit souvent

Et mort et vivant,
Comme un bruit de gloire
Dans quelque martyre.

Ma tristesse en toi
S'égaie à ces sons
Qui disent : « Courage! »
Au cœur que l'orage
Emplit des frissons
De quel triste émoi!

Orage, ta rage,
Tais-la, que je cause
Avec mon ami
Qui semble endormi,
Mais qui se repose
En un conseil sage...

### XXV

Ô mes morts tristement nombreux
Qui me faites un dôme ombreux
De paix, de prière et d'exemple,
Comme autrefois le Dieu vivant
Daigna vouloir qu'un humble enfant
Se sanctifiât dans le temple,

Ô mes morts penchés sur mon cœur,
Pitoyables à sa langueur,
Père, mère, âmes angéliques,
Et toi qui fus mieux qu'une sœur,
Et toi, jeune homme de douceur
Pour qui ces vers mélancoliques,

Et vous tous, la meilleure part
De mon âme, dont le départ
Flétrit mon heure la meilleure,

Amis que votre heure faucha,
Ô mes morts, voyez que déjà
Il se fait temps qu'aussi je meure.

Car plus rien sur terre qu'exil!
Et pourquoi Dieu retire-t-il
Le pain lui-même de ma bouche,
Sinon pour me rejoindre à vous
Dans son sein redoutable et doux,
Loin de ce monde âpre et farouche.

Aplanissez-moi le chemin,
Venez me prendre par la main,
Soyez mes guides dans la gloire,
Ou bien plutôt, — Seigneur vengeur! —
Priez pour un pauvre pécheur
Indigne encor du Purgatoire.


## BATIGNOLLES


Un grand bloc de grès; quatre noms : mon père
Et ma mère et moi, puis mon fils bien tard
Dans l'étroite paix du plat cimetière
Blanc et noir et vert, au long du rempart.

Cinq tables de grès; le tombeau nu, fruste,
En un carré long, haut d'un mètre et plus,
Qu'une chaîne entoure et décore juste,
Au bas du faubourg qui ne bruit plus.

C'est de là que la trompette de l'ange
Fera se dresser nos corps ranimés
Pour la vie enfin qui jamais ne change,
Ô vous, père et mère et fils bien-aimés.

## À GEORGES VERLAINE

Ce livre ira vers toi comme celui d'Ovide
      S'en alla vers la Ville.
Il fut chassé de Rome; un coup bien plus perfide
      Loin de mon fils m'exile.

Te reverrai-je? Et quel? Mais quoi! moi mort ou non,
      Voici mon testament :
Crains Dieu, ne hais personne, et porte bien ton nom
      Qui fut porté dûment.

*Bonheur*

*... Ego postquam te emi a parvulo ut semper tibi*
*Apud me justa et clemens fuerit servitus*
*Scis : feci ex servo ut esses libertus mihi*
*Propterea quod serviebas liberaliter.*
*Quod habui summum pretium persolvi tibi.*

(Térence.)

## I

L'incroyable, l'unique horreur de pardonner,
Quand l'offense et le tort ont eu cette envergure,
Est un royal effort qui peut faire figure
Pour le souci de plaire et le soin d'étonner;

L'orgueil qu'il faut se doit prévaloir sans scrupule
Et s'endormir pur, fort des péchés expiés,
Doux, le front dans les cieux reconquis, et les pieds
Sur cette humanité toute honte et crapule.

Ou plutôt et surtout gloire à Dieu qui voulut
Au cœur que tout émeut, tel sous des doigts un luth,
Donner quelque repos dans l'entier sacrifice.

Et paix au cœur enfin de bonne volonté
Qui ne veut vivre plus que vers la Charité,
Et que votre plaisir, ô Jésus, s'assouvisse.

## II

La vie est bien sévère
À cet homme trop gai :
Plus le vin dans le verre
Pour le sang fatigué,

Plus l'huile dans la lampe
Pour les yeux et la main,
Plus l'envieux qui rampe
Pour l'orgueil surhumain,

Plus l'épouse choisie
Pour vivre et pour mourir,
En qui l'on s'extasie
Pour s'aider à souffrir,

Hélas ! et plus les femmes
Pour le cœur et la chair,
Plus la Foi, sel des âmes,
Pour la peur de l'Enfer,

Et ni plus l'Espérance
Pour le ciel mérité
Par toute la souffrance !
Rien ! Si ! La Charité :

Le pardon des offenses
Comme un déchirement,
L'abandon des vengeances
Comme un délaissement ;

Changer au mieux le pire,
À la méchanceté
Déployant son empire
Opposer la bonté ;

Peser, se rendre compte,
Faire la part de tous,
Boire la bonne honte,
Être toujours plus doux...

Quelque chaleur va luire
Pour ce cœur fatigué,
La vie un peu sourire
À cet homme si gai,

Et puisque je pardonne,
Mon Dieu, pardonnez-moi,
Ornant l'âme enfin bonne
D'espérance et de foi.


### III


Après la chose faite, après le coup porté,
Après le joug très dur librement accepté
Et le fardeau plus lourd que le ciel et la terre
Levé d'un dos vraiment et gaîment volontaire,
Après la bonne haine et la chère rancœur,
Le rêve de tenir, implacable vainqueur,
Les ennemis du cœur et de l'âme et les autres,
De voir couler des pleurs plux affreux que les nôtres
De leurs yeux dont on est le Moïse au rocher,
Tout ce train mis en fuite, — et courez le chercher! —
Alors on est content comme au sortir d'un rêve,
On se retrouve net, clair, simple, on sent que crève
Un abcès de sottise et d'erreur, et voici
Que de l'éternité symbole et raccourci,
Toute une plénitude afflue, alme, et s'installe.
L'être palpite entier dans la forme totale,
Et la chair est moins faible et l'esprit est moins prompt;
Désormais, on le sait, on s'y tient, fleuriront

Le lys du faire pur, celui du chaste dire
Et, si daigne Jésus, la rose du martyre.
Alors on trouve, ô Dieu si lent à vous venger,
Combien doux est le joug et le fardeau léger!

Charité! la plus forte entre toutes les forces,
Tu veux dire, saint piège aux célestes amorces,
Les mains tendres du fort, de l'heureux et du grand
Autour du sort plaintif du faible et du souffrant,
Le regard franc du Riche au Pauvre exempt d'envie
Ou jaloux, et ton nom encore signifie
Quelle douceur choisie et quel droit dévouement,
Et ce tact virginal, et l'ange exactement!
Mais l'ange est innocent; d'essence bienheureuse,
Il n'a point à passer par notre vie affreuse.
Et toi, Vertu sans pair, presque Une, n'es-tu pas
Humaine en même temps que divine ici-bas?
Aussi la conscience a dû pour des fins sûres
Surtout sentir en toi le pardon des injures.

Par toi nous devenons semblables à Jésus
Portant sa croix infâme et qui, cloué dessus,
Priait pour ses bourreaux d'Israël et de Rome,
À Jésus qui, du moins, homme avec tout d'un homme,
N'avait, lui, jamais eu de torts de son côté,
Et, par Lui, tu nous fais croire en l'éternité.


# IV


Aussi, cette ignorance de Vous!
Avoir des yeux et ne pas Vous voir,
Une âme et ne vous point concevoir,
Un esprit sans nouvelles de Vous!

Ô temps, ô mœurs qu'il en soit ainsi
Et que ce vase de belles fleurs,

Qu'un tel vase, précieux d'ailleurs,
De la plus belle se prive ainsi!

Religion, unique raison,
Et seule règle et loi, Piété,
Rien là de vous n'a jamais été,
Pas un retour, pas une oraison!

Aussi cette ignorance de tout!
Et de soi-même, droits et devoirs,
Et des autres, leurs justes pouvoirs,
Leur action légitime, et tout!

Jusqu'à méconnaître en moi quel nom,
Quel titre augural et de par Dieu,
Et six ans passés à plaire à Dieu,
Vertu vécue, effort bel et bon,

Jusqu'à ne pas se douter vraiment
Du tour affreux et plus que cruel
Qu'un sot grief à peine réel
Inflige à ses rancunes vraiment.

Éclairez ces ténèbres de mort.
C'est votre créature après tout
Que l'ignorance invincible absout.
Bah! claire et bonne lui soit la mort!


V


L'adultère, celui, du moins, codifié
Au mépris de l'Église et de Dieu défié,
Tout d'abord doit sembler la faute irrémissible :
Tel un trait lancé juste, ayant l'enfer pour cible.
Beaucoup de vrais croyants, questionnés ici,
Répondraient à coup sûr qu'il en doit être ainsi.

D'autre part le mondain, qui n'y voit point un crime,
Pour qui tous mauvais tours sont de bons coups
                                        [d'escrime,
Rit du procédé lourd, préférant, affrontés,
Tous risques et périls à ces légalités
Abominablement prudentes et transies
Entre des droits divers et plusieurs fantaisies,
Enfin trouve le cas boiteux, piteux, honteux.

Le Sage, de qui l'âme et l'esprit vont tous deux,
Bien équilibrés, droit au vrai milieu des causes,
Pleure sur telle femme en route pour ces choses.
Il plaide l'ignorance, elle donc ne sachant
Que le côté naïf, c'est-à-dire méchant,
Hélas! de cette douce et misérable vie.
Elle plaît et le sait, et ce qu'elle est ravie!
Mais son caprice tue, elle l'ignore tant!
Elle croit que d'aimer c'est de l'argent comptant,
Non un fonds travaillant; qu'on paie et qu'on est quitte,
Que d'aimer c'est toujours : « qu'arriva-t-il ensuite? »
Non un seul vœu qu'on tient jusqu'à la fin de nous.
Et certes suscité, néanmoins son courroux
Gronde le seul péché, plaignant les pécheresses
Coupables tout au plus de certaines paresses
Et les trois quarts du temps luxurieuses point.
Bête orgueil, intérêt mesquin, voilà le point.
Avec d'avoir été trop ou trop peu jalouses.

Seigneur, ayez pitié des âmes, nos épouses!


VI


Puis, déjà très anciens,
Des songes de souvenirs,
Si doux nécromanciens
D'encor pires avenirs!

Une fille presque enfant
Quasi zézayante un peu
Dont on s'éprit en rêvant
Et qu'on aima dans le bleu.

Mains qu'on baisa que souvent!
Bouche aussi, cheveux aussi.
C'était l'âge triomphant
Sans feintise et sans souci.

Puis on eut tous les deux tort,
Mais l'autre n'en convient pas,
Et si c'est pour l'un la mort,
Pour l'autre c'est le trépas.

Montrez-vous, Dieu de douceur,
Fût-ce au suprême moment,
Pour qu'aussi l'âme ma sœur
Revive éternellement.


VII


Maintenant, au gouffre du Bonheur!

Mais avant le glorieux naufrage
Il faut faire à cette mer en rage
Quelque sacrifice et quelque honneur.

Jettes-y, dans cette mer terrible,
Ouragan de calme, flot de paix,
Tes songes creux, tes rêves épais,
Et tous les défauts, comme d'un crible,

(Car de gros vices tu n'en as plus.
Quant aux défauts, foule vénielle
Contaminante, ivraie et nielle,
Tu les as tous on ne peut pas plus.)

Jettes-y tes petites colères,
— Garde les grandes pour les cas vrais, —
Les scrupules excessifs après,
— Les extrêmes, que tu les tolères! —

Jette la moindre velléité
De concupiscence, quelle qu'elle
Soit, femmes ou vin ou gloire, ah, quelle
Qu'elle soit, qu'importe en vérité!

Jette-moi tout ce luxe inutile
Sans soupir, au contraire en chantant,
Jette sans peur, au contraire! étant
Lors délesté d'un luxe inutile.

Jette à l'eau! que légers nous dansions
En route pour l'entonnoir tragique
Que nul atlas ne cite ou n'indique,
Sur la mer des Résignations.


# VIII


L'homme pauvre d'esprit est-il si rare, en somme?
Non. Et je suis cet homme et vous êtes cet homme,
Et tous les hommes sont cet homme ou furent lui
Ou le seront quand l'heure opportune aura lui.
Conçus dans l'agonie épuisée et plaintive
De deux désirs que seul un feu brutal avive;
Sans vestige autre nôtre, à travers cet émoi,
Qu'une larme de quoi! que pleure quoi! dans quoi!
Nés parmi la douleur, le sang et la sanie,
Nus, de corps sans instinct et d'âme sans génie
Pour grandir et souffrir, par l'âme et par le corps,
Vivant au jour le jour, bernés de vœux discords

Pour mourir dans l'horreur fatale et la détresse,
Quoi de nous dès qu'en nous la question se dresse ?
Quoi ? qu'un être capable au plus de moins que peu
En dehors du besoin d'aimer et de voir Dieu,
Et quelque chose au front du fond du cœur te monte
Qui ressemble à la crainte et qui tient de la honte,
Quelque chose, on dirait d'encore incomplété
Mais dont la Charité ferait l'Humilité.
Lors à quelqu'un vraiment de nature ingénue
Sa conscience n'a qu'à dire : Continue,
Si la chair n'arrivait à son tour en disant :
Arrête, et c'est la guerre en ce Juste à présent.
Mais tout n'est pas perdu malgré le coup si rude,
Car la chair avant tout est chose d'habitude.
Elle peut se plier et doit s'acclimater.
C'est ton droit, ton devoir, ta loi de la mater
Selon les strictes lois de la bonne nature.
Or la nature est simple, elle admet la culture,
Elle procède avec douceur, calme et lenteur.
Ton corps est un lutteur, fais-le vivre en lutteur,
Sobre et chaste, abhorrant l'excès de toute sorte,
Femme qui le détourne et vin qui le transporte
Et la paresse pire encore que l'excès.
Enfin pacifié puis apaisé — tu sais
Quels sacrements il faut pour cette tâche intense,
Et c'est l'Eucharistie après la Pénitence —
Ce corps allégé, libre et presque glorieux,
Dûment redevenu dûment laborieux,
Va se rompre ou plutôt s'assouplir au service
De ton esprit d'amour, d'offre et de sacrifice,
Subira les saisons et les privations,
Enfin sera le temple embaumé d'actions
De grâce, d'encens pur et de vertus chrétiennes
Et tout retentissant de psaumes et d'antiennes,
Qu'habite l'Esprit Saint et que daigne Jésus
Visiter, comparable aux bons rois bien reçus.
De ce moment, toi, pauvre avec toute assurance,
Après avoir prié pour la persévérance,

Car docte charité tout d'abord pense à soi,
Puise au gouffre infini de la Foi plus de foi
Que jamais, et présente à Dieu ton vœu bien tendre,
Bien ardent, bien formel, et de voir et d'entendre
Les hommes t'imiter, même te dépasser
Dans la course au salut, et pour mieux les pousser
À ces fins que le ciel en extase contemple,
Bien humble (souviens-toi!), prêcheur, prêche d'exem-
[ple!

## IX

Bon pauvre, ton vêtement est léger
    Comme une brume.
Oui, mais, aussi, ton cœur, il est léger
    Comme une plume,

Ton libre cœur qui n'a qu'à plaire à Dieu,
    Ton cœur bien quitte
De toute dette humaine, en quelque lieu
    Que l'homme habite!

Ta part de plaisir et d'aise paraît
    Peu suffisante,
Ta conscience, en revanche, apparaît
    Satisfaisante,

Ta conscience que précisément
    Tes malheurs mêmes
Ont dégagée en ce juste moment
    Des soins suprêmes!

Ton boire et ton manger sont, je le crains,
    Tristes et mornes,
Seulement ton corps faible a dans ses reins,
    Sans fin ni bornes

Des forces d'abstinence et de refus
     Très glorieuses
Et des ailes vers les cieux entrevus
     Impérieuses!

Ta tête franche de mets et de vin,
     Toute pensée,
Tout intellect conforme au plan divin,
     Haut redressée,

Ta tête est prête à tout enseignement
     De la Parole
Et de l'exemple de Jésus clément
     Et bénévole

Et de Jésus terrible, prête au pleur
     Qu'il faut qu'on verse,
À l'affront vil qui poigne, à la douleur
     Lente qui perce.

Le monde pour toi seul, le monde affreux,
     Devient possible,
T'environnant, toi qu'il croit malheureux
     D'oubli paisible.

Même t'ayant d'étonnantes douceurs
     Et ces caresses!
Les femmes qui sont parfois d'âpres sœurs,
     D'aigres maîtresses,

Et de douloureux compagnons toujours
     Ou toujours presque,
Te jaugeant mal fringant, aux gestes lourds,
     Un peu grotesque,

Tout à fait incapable de n'aimer
     Qu'à les voir belles,
Qu'à les trouver bonnes et de n'aimer
     Qu'elles en elles,

Et te pesant si léger que ce n'est
        Rien de le dire,
Te dispenseront, tous comptes au net,
        De leur sourire.

Et te voilà libre à dîner, en roi,
        Seul à ta table
Sans nul flatteur (quel fléau pour un roi
        Plus détestable!)

L'assassin, l'escroc et l'humble voleur
        Qui n'y voient guère
De nuance, t'épargnent comme leur
        Plus jeune frère.

Des vertus surérogatoires, la
        Prudence humaine,
— L'autre, la cardinale, ah! celle-là,
        Que Dieu t'y mène! —

L'amabilité, l'affabilité
        Quasi célestes,
Sans rien d'affecté, sans rien d'emprunté,
        Franches, modestes,

Nimbent ce destin que Dieu te voulut
        Tendre et sévère,
Dans l'intérêt surtout de ton salut
        À bien parfaire.

Et pour ange contre le lourd méchant
        Toujours stupide,
La Clairvoyance te guide en marchant,
        Fine et rapide,

La Clairvoyance qui n'est pas du tout
        La méfiance,
Et qui plutôt serait, pour sommer tout,
        La prévoyance,

Élicitant les gens de prime-saut
    Sous les grimaces,
Faisant sortir la sottise du sot,
    Trouvant les traces,

Et médusant la curiosité
    De l'hypocrite
Par un regard entre les yeux planté
    Qui brûle vite...

Et s'il ose rester des ennemis
    À ta misère,
Pardonne-leur, ainsi que l'a promis
    Ton notre-père,

Afin que Dieu te pardonne aussi, Lui,
    Prends cette avance.
Car dans le mal fait au prochain, c'est lui
    Seul qu'on offense.


## X


Écrit en 1888.

Le « sort » fantasque qui me gâte à sa manière
M'a logé cette fois, peut-être la dernière
Et la dernière c'est la bonne — à l'hôpital!
De mon rêve à ceci le réveil est brutal
Mais explicable par le fait d'une voleuse,
(Dont l'histoire posthume est, dit-on, graveleuse)
Du fait d'un rhumatisme aussi, moindre détail;
Puis d'un gîte où l'on est qu'importe le portail?
J'y suis, j'y vis. « Non, j'y végète », on rectifie;
On se trompe. J'y vis dans le strict de la vie,

Le pain qu'il faut, pas trop de vin, et mieux couché !
Évidemment j'expie un très ancien péché
(Très ancien ?) dont mon sang a des fois la secousse,
Et la pénitence est relativement douce.
Dans le martyrologe et sur l'armorial
Des poètes, peut-être un peu proverbial,
C'est un lieu comme un autre, on en prend l'habitude :
À prison bonne enfant longanime Latude.
Sans compter qu'au rimeur, pour en parler, alors !
Pauvre et fier, il ne reste qu'à mourir dehors
Ou tout comme, en ces temps vraiment trop peu propi-
                                                    [ces,

Et mourir pour mourir, Muse qui me respices,
Autant le faire ici qu'ailleurs, et même mieux,
Sinon qu'ici l'on est tout « laïque », les vieux
Abus sont réformés, et le « citoyen », libre !
Et fort ! doit, ou l'État perdrait son équilibre,
— Avec ça qu'il n'est pas à cheval sur un pal ! —
Mourir dans les bras du Conseil Municipal,
Mal rassurante et pas assez édifiante
Conclusion pour tel qu'un vœu mystique hante,
Moi par exemple, j'en forme l'aveu sans fard,
Me dût-on traiter d'âne ou d'impudent cafard.
La conversation, dans ce modeste asile,
Ne m'est pas autrement pénible et difficile :
Ces braves gens que le Journal rend un peu sots
Du moins ont conservé, malgré tous les assauts
Que « l'Instruction » livre à leur tête obsédée,
Quelque saveur encor de parole et d'idée ;
La Révolution, qu'il faut toujours citer
Et condamner, n'a pu complètement gâter
Leur trivialité non sans grâce et sincère.
Même je les préfère aux mufles de ma sphère,
Certes ! et je subis leur choc sans trop d'émoi.
Leur vice et leur vertu sont juste à point pour moi
Les goûter et me plaire en ces lieux salutaires
A (comme moi) des espèces de solitaires,
Espèce de couvent moins cet espoir chrétien !

Le monde est tel qu'ici je n'ai besoin de rien
Et que j'y resterais, ma foi, toute ma vie,
Sans grands jaloux, j'espère, et pour sûr, sans envie !
Si, dès guéri, si je guéris, car tout se peut,
Je n'avais quelque chose à faire, que Dieu veut.

## XI

Prêtres de Jésus-Christ, la Vérité vous garde.

Ah, soyez ce que pense une foule bavarde
Ou ce que le penseur lui-même dit de vous,
Bassement orgueilleux, haineusement jaloux,
Avares, impurs, durs, la vérité vous garde.
Et de fait nul de vous ne risque, ne hasarde
Un seul pan du prestige, un seul pli du drapeau
Tant la doctrine exacte et du Bien et du Beau
Vit là, qui vous maintient entre ses hauts dilemmes.
Plats comme les bourgeois, vautrés dans des Thélèmes
Ou guindés vers l'honneur pharisaïque alors,
Qu'importe, si Jésus, plus fort que des cœurs morts,
Règne par vos dehors du reste incontestables :
Culte respectueux, formules respectables,
Un emploi libéral et franc des Sacrements
(Car les temps ont du moins, dans leurs relâchements
Parmi plus d'une bonne et délicate chose,
Laissé tomber l'affreux Jansénisme morose)
Et ce seul mot sur votre enseigne : Charité !
Mal gracieux, sans goût aucun, même affecté,
Pour si peu que ce soit d'art et de poésie,
Incapables d'un bout de lecture choisie,
D'un regard attentif, d'une oreille en arrêt,
Pis qu'inconsciemment hostiles, on dirait,

À tout ce qui dans l'homme et fleurit et s'allume,
Plus lourds que les marteaux et plus sourds qu'une
                                                        [enclume,
Sans même l'étincelle et le bruit triomphant,
Que fait ? si Jésus a, pour séduire l'enfant
Et le sage qu'est l'homme en sa double énergie,
Votre théologie et votre liturgie.
D'ailleurs maints d'entre vous, troupeau trié déjà,
Valent mieux que le monde autour qui vous jugea,
Lisent clair, visent droit, entendent net en somme,
Vivent et pensent, plus que non pas un autre homme,
Que tels, mes chers lecteurs, que moi, cet écrivain,
Tant leur science est courte et tant mon art est vain !
C'est vrai qu'il sort de vous comme de votre maître,
Quand même, une vertu qui vous fait reconnaître.
Elle offusque les sots, ameute les méchants,
Remplit les bons d'émois révérents et touchants,
Force indéfinissable ayant de tout en elle,
Comme surnaturelle et comme naturelle,
Mystérieuse et dont vous allez investis,
Grands par comparaison chez les peuples petits.
Vous avez tous les airs de toutes, sinon toutes
Les choses qu'il faut être en l'affre de nos routes.
Si vous ne l'êtes pas, du moins vous paraissez
Tels qu'il faut, et semblez dans ce zèle empressés,
Poussant votre industrie et votre économie
Depuis la sainteté jusqu'à la bonhomie.

Hypocrisie, émet un tiers, ou nullité !
Bonhomie, on doit dire en chœur, et sainteté,
Puisque, ô croyons toujours le bien de préférence,
Mais c'est surtout ce siècle et surtout cette France
Que charme et que bénit, à quelles fins de Dieu ?
Votre ombre lumineuse et réchauffante un peu,
Seul bienfait apparent de la Grâce invisible
Sur la France insensée et le siècle insensible,
Siècle de fer et France, hélas ! toute de nerfs,
France d'où détalant partout comme des cerfs,

Les principes, respect, l'honneur de sa parole,
Famille, probité, filent en bande folle,
Siècle d'âpreté juive et d'ennuis protestants
Noyant tout, le superbe et l'exquis des instants,
Au remous gris de mers de chiffres et de phrases.
Vous, phares doux parmi ces brumes et ces gazes,
Ah! luisez-nous encore et toujours jusqu'au jour,
Jusqu'à l'heure du cœur expirant vers l'amour
Divin, pour refleurir éternel dans la même
Charité loin de cette épreuve froide et blême.
Et puis, en la minute obscure des adieux,
Flambez, torches d'encens, et rallumez nos yeux
À l'unique Beauté toute bonne et puissante,
Brûlez ce qui n'est plus la prière innocente,
L'aspiration sainte et le repentir vrai!

Puisse un prêtre être là, Jésus, quand je mourrai!

XII

Guerrière, militaire et virile en tout point,
La sainte Chasteté, que Dieu voit la première
De toutes les vertus marchant dans sa lumière
Après la Charité distante presque point,

Va d'un pas assuré mieux qu'aucune amazone
À travers l'aventure et l'erreur du Devoir,
Ses yeux grands ouverts pleins du dessein de bien voir,
Son corps robuste et beau digne d'emplir un trône,

Son corps robuste et nu balancé noblement
Entre une tête haute et deux jambes sereines,
Du port majestueux qui sied aux seules reines,
Et sa candeur la vêt du plus beau vêtement.

Elle sait ce qu'il faut qu'elle sache des choses,
Entre autres, que Jésus a fait l'homme de chair
Et mis dans notre sang un charme doux-amer
D'où doivent découler nos naissances moroses,

Et que l'amour charnel est bénit en des cas.
Elle préside alors et sourit à ces fêtes,
Dévêt la jeune épouse avec ses mains honnêtes
Et la mène à l'époux par des tours délicats.

Elle entre dans leur lit, lève le linge ultime,
Guide pour le baiser et l'acte et le repos
Leurs corps voluptueux aux fins de bon propos,
Et désormais va vivre entre eux, leur ange intime.

Puis, au-dessus du Couple, ou plutôt à côté,
— Bien agir fait s'unir les vœux et les nivelle, —
Vers le Vierge et la Vierge isolés dans leur belle
Thébaïde à chacun, la sainte Chasteté,

Sans quitter les Amants, par un charmant miracle,
Vole et vient rafraîchir l'Intacte et l'Impollu
De gais parfums de fleurs comme s'il avait plu
D'un bon orage sur l'un et l'autre habitacle,

Et vêt de chaleur douce au point et de jour clair
La cellule du Moine et celle de la Nonne.
Car s'il nous faut souffrir pour que Dieu nous pardonne,
Du moins Dieu veut punir, non torturer la chair,

Elle dit à ces chers enfants de l'Innocence :
Dormez, veillez, priez. Priez surtout, afin
Que vous n'ayez pas fait tous ces travaux en vain,
Humilité, douceur et céleste ignorance!

Enfin elle va chez la Veuve et chez le Veuf,
Chez le vieux Débauché, chez l'Amoureuse vieille,
Et leur tient des discours qui sont une merveille,
Et leur refait à force d'art un corps tout neuf.

Et quand alors elle a fini son tour du monde,
Tour du monde ubiquiste, invisible et présent,
Elle court à son point de départ en faisant
Tel grand détour, espoir d'espérance profonde,

Et ce point de départ est un lieu bien connu,
L'Éden même. Là, sous le chêne et vers la rose,
Puisqu'il paraît qu'il n'a pas à faire autre chose,
Rit et gazouille un beau petit enfant tout nu.

　　　　　　　　　　　　　　　　Mai 1889.


## XIII


Un projet de mon âge mûr
Me tint six ans l'âme ravie :
C'était d'après un plan bien sûr
De réédifier ma vie.

Vie encor vivante après tout,
Insuffisamment ruinée
Avec ses murs toujours debout
Que respecte la graminée,

Murs de vraie et franche vertu,
Fondations intactes, certes,
Fronton battu, non abattu,
Sans noirs lichens ni mousses vertes.

L'orgueil qu'il faut et qu'il fallait,
Le repentir quand c'était brave,
Douceur parfois comme le lait,
Fierté souvent comme la lave.

Or durant ces deux fois trois ans
L'essai fut bon, grand le courage :
L'œuvre en aspects forts et plaisants
Montait, tenant tête à l'orage.

Un air de grâce et de respect
Magnifiait les calmes lignes
De l'édifice que drapait
L'éclat de la neige et des cygnes...

Furieux, mais insidieux,
Voici l'essaim des mauvais anges
Rayant le pur, le radieux
Paysage de vols étranges.

Salissant d'outrages sans nom,
Obscénités basses et fades,
De mon renaissant Parthénon
Les portiques et les façades,

Tandis que quelques-uns d'entre eux,
Minant le sol, sapant la base,
S'apprêtent par un art affreux
À faire du tout table rase,

Ce sont, véniels et mortels,
Tous les péchés des cathéchismes
Et bien d'autres encore, tels
Qu'ils font les sophismes des schismes :

La Luxure aux tours sans merci,
L'affreuse Avarice morale,
La Paresse morale aussi,
L'Envie à la dent sépulcrale,

La Colère hors des combats,
La Gourmandise, rage, ivresse,
L'Orgueil, alors, qu'il ne faut pas,
Sans compter la sourde détresse

Des vices à peine entrevus,
Dans la conscience scrutée,
Hideur brouillée et tas confus,
Tourbe grouillante et ballottée.

— Mais quoi! n'est-ce pas toujours vous,
Démon femelle, triple peste,
Pire flot de tout ce remous,
Pire ordure que tout le reste,

Vous toujours, vil cri de haro
Qui me proclame et me diffame,
Gueuse inepte, lâche bourreau,
Horrible, horrible, horrible femme,

Vous l'insultant mensonge noir,
La haine longue, l'affront rance,
Vous qui seriez le Désespoir,
Si la Foi n'était l'Espérance,

Et l'Espérance le pardon,
Et ce pardon une vengeance.
Mais quel voluptueux pardon,
Quelle savoureuse vengeance.

Et tous trois, Espérance et Foi
Et Pardon, chassant la séquelle
Infernale de devant moi,
Protégeront de leur tutelle

Les nobles travaux qu'a repris
Ma bonne volonté calmée,
Pour, grâce à des grâces sans prix,
Achever l'œuvre bien-aimée

Toute de marbres précieux
En ordonnance solennelle
Bien par-delà les derniers cieux
Jusque dans la vie éternelle.

## XIV

Sois de bronze et de marbre et surtout sois de chair.
Certes, prise l'orgueil nécessaire plus cher,
Pour ton combat avec les contingences vaines,
Que les poils de ta barbe ou le sang de tes veines,
Mais vis, vis pour souffrir, souffre pour expier,
Expie et va-t'en vivre et puis reviens prier,
Prier pour le courage et la persévérance
De vivre dans ce siècle, hélas! et cette France,
Siècle et France ignorants et tristement railleurs,
Mais le règne est plus haut et la patrie ailleurs
Et la solution tout autre du problème.

Sois de chair et même aime cette chair, la même
Que celle de Jésus sur terre et dans les cieux
Et dans le Très Saint Sacrement si précieux
Qu'il n'est de comparable à sa valeur que celle
De ta chair vénérable en sa moindre parcelle
Et dans le moindre grain de l'Hostie à l'autel.
Car ce mystère, l'Incarnation, est tel
Par l'exégèse autour comme par sa nature,
Qu'il fait égale au Créateur la créature,
Cependant que, par un miracle encor plus grand,
L'Eucharistie, elle, les confond et les rend
Identiques. Or cette chair expiatoire,
Fais-t'en une arme douloureuse de victoire
Sur l'orgueil que Satan veut d'elle t'inspirer
Pour l'orgueil qu'à jamais tu peux considérer
Comme le prix suprême et le but enviable.
Tout le reste n'est rien que malice du diable.

Alors, oui, sois de bronze impassible, revêts
L'armure inaccessible à braver le Mauvais :

Pudeur, Calme, Respect, Silence et Vigilance.
Puis sois de marbre, et, pur, sous le heaume qui lance
Par ses trous le regard de tes yeux assurés,
Marche à pas révérents vers les parvis sacrés.


## XV


Mon ami, ma plus belle amitié, ma meilleure,
— Les morts sont morts, douce leur soit l'éternité! —
Laisse-moi te le dire en toute vérité,
Tu vins au temps marqué, tu parus à ton heure;

Tu parus sur ma vie et tu vins dans mon cœur
Au jour climatérique où, noir vaisseau qui sombre,
J'allais noyer ma chair sous la débauche sombre,
Ma chair dolente, et mon esprit jadis vainqueur,

Et mon âme naguère et jadis toute blanche!
Mais tu vins, tu parus, tu vins comme un voleur,
— Tel Christ viendra — voleur qui m'a pris mon
                                        [malheur!
Tu parus sur ma mer non pas comme une planche

De salut, mais le Salut même! Ta vertu
Première, la gaieté, c'est elle-même, franche
Comme l'or, comme un bel oiseau sur une branche
Qui s'envole dans un brillant turlututu,

Emportant sur son aile électrique les ires
Et les affres et les tentations encor;
Ton bon sens, — tel après du fifre c'est du cor, —
Vient paisiblement mettre une fin aux délires,

N'étant point, ô que non! le prudhommisme affreux,
Mais l'équilibre, mais la vision artiste,

Sûre et sincère et qui persiste et qui résiste
À l'argumentateur plat comme au songe-creux;

Et ta bonté conforme à ta jeunesse, est verte,
Mais elle va mûrir délicieusement!
Elle met dans tout moi le renouveau charmant
D'une sève éveillée et d'une âme entr'ouverte.

Elle étend sous mes pieds un gazon souple et frais
Où ces marcheurs saignants reprennent du courage,
Caressés par des fleurs au gai parfum sauvage,
Lavés de la rosée, et s'attardant exprès.

Elle met sur ma tête aux tempêtes calmées
Un ciel profond et clair où passe le vent pur
Et vif, éparpillant les notes dans l'azur
D'oiseaux volant ou s'éveillant sous les ramées.

Elle verse à mes yeux qui ne pleureront plus
Un paisible sommeil dans la nuit transparente
Que des rêves légers bénissent, troupe errante
De souvenirs futurs et d'espoirs révolus.

Avec des tours naïfs et des besoins d'enfance
Elle veut être fière et rêve de pouvoir
Être rude un petit sans pouvoir que vouloir,
Tant le bon mouvement sur l'autre prend d'avance.

J'use d'elle et parfois d'elle j'abuserais
Par égoïsme un peu bien surérogatoire,
Tort d'ailleurs pardonnable en toute humaine histoire
Mais non dans celle-ci, de crainte des regrets.

De mon côté c'est vrai qu'à travers mes caprices,
Mes nerfs et tout le train de mon tempérament,
Je t'estime et je t'aime, ô si fidèlement,
Trouvant dans ces devoirs mes plus chères délices,

Déployant tout le peu que j'ai de paternel
Plus encor que de fraternel malgré l'extrême
Fraternité, tu sais, qu'est notre amitié même,
Exultant sur ce presque amour presque charnel!

Presque charnel à force de sollicitude
Paternelle vraiment et maternelle aussi,
Presque un amour à cause, ô toi, de l'insouci
De vivre sinon pour cette sollicitude.

Vaste, impétueux donc, et de prime-saut, mais
Non sans prudence en raison de l'expérience
Très douloureuse qui m'apprit toute nuance,
Du jour lointain quand la première fois j'aimais,

Ce presque amour est saint; il bénit d'innocence
Mon reste d'une vie en somme toute au mal,
Et c'est comme les eaux d'un torrent baptismal
Sur des péchés qu'en vain l'Enfer déçu recense.

Aussi, précieux toi plus cher que tous les moi
Que je fus et serai si doit durer ma vie,
Soyons tout l'un pour l'autre en dépit de l'envie,
Soyons tout l'un à l'autre en toute bonne foi.

Allons, d'un bel élan qui demeure exemplaire
Et fasse autour le monde étonné chastement.
Réjouissons les cieux d'un spectacle charmant
Et du siècle et du sort défions la colère.

Nous avons le bonheur ainsi qu'il est permis,
Toi de qui la pensée est toute dans la mienne,
Il n'est, dans la légende actuelle et l'ancienne,
Rien de plus noble et de plus beau que deux amis

Déployant à l'envi les splendeurs de leurs âmes,
Le Sacrifice et l'Indulgence jusqu'au sang,

La Charité qui porte un monde dans son flanc,
Et toutes les pudeurs comme de douces flammes!

Soyons tout l'un à l'autre, enfin! et l'un pour l'autre
En dépit des jaloux, et de nos vains soupçons
À nous, et cette fois, pour de bon, renonçons
Au vil respect humain où la foule se vautre,

Afin qu'enfin ce Jésus-Christ qui nous créa
Nous fasse grâce et fasse grâce au monde immonde
D'autour de nous alors unis, — paix sans seconde!
Définitivement, et dicte : « Alleluia.

» Qu'ils entrent dans Ma joie et goûtent Mes louanges;
» Car ils ont accompli leur tâche comme dû,
» Et leur cri d'espérance, il me fut entendu,
» Et voilà pourquoi les anges et les archanges

» S'écarteront de devant Moi pour voir admis,
» Purifiés de tous péchés inévitables
» En des traverses quelquefois épouvantables,
» Ce couple infiniment bénissable d'Amis. »


# XVI


Seigneur, vous m'avez laissé vivre
Pour m'éprouver jusqu'à la fin.
Vous châtiez cette chair ivre,
Par la douleur et par la faim!
Et Vous permîtes que le diable
Tentât mon âme misérable
Comme l'âme forte de Job,
Puis Vous m'avez envoyé l'ange
Qui gagea le combat étrange
Avec le grand aïeul Jacob.

Mon enfance, elle fut joyeuse;
Or je naquis choyé, béni
Et je crûs, chair insoucieuse,
Jusqu'au temps du trouble infini
Qui nous prend comme une tempête,
Nous poussant comme par la tête
Vers l'abîme et prêts à tomber;
Quant à moi, puisqu'il faut le dire,
Mes sens affreux et leur délire
Allaient me faire succomber,

Quand Vous parûtes, Dieu de grâce
Qui savez tout bien arranger,
Qui Vous mettez bien à la place,
L'auteur et l'ôteur du danger.
Vous me punîtes par moi-même
D'un supplice cru le suprême
(Oui, ma pauvre âme le croyait)
Mais qui n'était au fond rien qu'une
Perche tendue, ô qu'opportune!
À mon salut qui se noyait.

Comprises les dures délices,
J'ai marché dans le droit sentier,
Y cueillant sous des cieux propices
Pleine paix et bonheur entier,
Paix de remplir enfin ma tâche,
Bonheur de n'être plus un lâche
Épris des seules voluptés
De l'orgueil et de la luxure,
Et cette fleur, l'extase pure
Des bons projets exécutés.

C'est alors que la mort commence
Son œuvre — inexpiable? non,
Mais qui me saisit de démence
Bien qu'encor criant Votre nom.

L'Ami me meurt, aussi la Mère,
Une rancune plus qu'amère
Me piétine en ce dur moment
Et me cantonne en la misère,
Dans la littérale misère
Du froid, et du délaissement!

Tout s'en mêle : la maladie
Vient en aide à l'autre fléau.
Le guignon, comme un incendie
Dans un pays où manque l'eau,
Ravage et dévaste ma vie,
Traînant à sa suite l'envie,
L'orde, l'obscène trahison,
La sale pitié dérisoire,
Jusqu'à cette rumeur de gloire
Comme une insulte à la raison!

Ces mystères, je les pénètre,
Tous les motifs, je les connais.
Oui, certes, Vous êtes le maître
Dont les rigueurs sont des bienfaits.
Mais, ô Vous, donnez-moi la force,
Donnez, comme à l'arbre l'écorce,
Comme l'instinct à l'animal,
Donnez à ce cœur, votre ouvrage,
Seigneur, la force et le courage
Pour le bien et contre le mal.

Mais hélas! je ratiocine
Sur mes fautes et mes douleurs,
Espèce de mauvais Racine
Analysant jusqu'à mes pleurs.
Dans ma raison mal assagie
Je fais de la psychologie
Au lieu d'être un cœur pénitent
Tout simple et tout aimable en somme,
Sans plus l'astuce du vieil homme
Et sans plus l'orgueil protestant...

Je crois en l'Église romaine,
Catholique, apostolique et
La seule humaine qui nous mène
Au but que Jésus indiquait,
La seule divine qui porte
Notre croix jusques à la porte
Des libres cieux enfin ouverts,
Qui la porte par vos bras même,
Ô grand Crucifié suprême
Donnant pour nous vos maux soufferts.

Je crois en la toute-présence,
À la messe, de Jésus-Christ.
Je crois à la toute-puissance
Du Sang que pour nous il offrit
Et qu'il offre au Seul Juge encore
Par ce mystère que j'adore
Qui fait qu'un homme vain, menteur,
Pourvu qu'il porte le vrai signe
Qui le consacre entre tous digne,
Puisse créer le Créateur.

Je confesse la Vierge unique,
Reine de la neuve Sion,
Portant aux plis de sa tunique
La grâce et l'intercession.
Elle protège l'innocence,
Accueille la résipiscence,
Et debout quand tous à genoux,
Impètre le pardon du Père
Pour le pécheur qui désespère...
Mère du Fils, priez pour nous!

## XVII

Rompons! Ce que j'ai dit je ne le reprends pas.
Puisque je le pensai c'est donc que c'était vrai.
Je le garderai, jusqu'au jour où je mourrai,
Total, intégral, pur, en dépit des combats

De la rancœur très haute et de l'orgueil très bas.
Mais comme un fier métal qui sort du minerai
De vos nuages à la fin je surgirai,
Je surgis, amitiés, d'ennuis et de débats...

Ô pour l'affection toute simple et si douce
Où l'âme se blottit comme en un nid de mousse!
Et fi donc de la sale « âme parisienne »!

Vive l'esprit français, d'Artois jusqu'en Gascogne,
De la Champagne et de l'Argonne à la Bourgogne
Et vive un cœur, morbleu! dont un cœur se souvienne!

## XVIII

J'ai dit à l'esprit vain, à l'ostentation,
L'Ilion de l'orgueil futile, la Sion
De la frivolité sans cœur et sans entrailles,
La citadelle enfin du Faux :

                              « Croulez, murailles
Ridicules et pis, remparts bêtes et pis,
Contrescarpes, sautez comme autant de tapis
Qu'un valet matinal aux fenêtres secoue,
Fossés que l'eau remplit, concrétez-vous en boue,

Qu'il ne reste plus rien qu'un souvenir banal
De tout votre appareil, et que cet arsenal,
Chics fougueux et froids, mots secs, phrase redondante,
Et cætera, se rende à l'émeute grondante
Des sentiments enfin naturels et réels. »
Ah, j'en suis revenu, des « dandysmes » « cruels »
Vrais ou faux, dans la vie (accident ou coutume)
Ou dans l'art ou tout bêtement dans le costume.
Le vêtement de son état avec le moins
De taches et de trous possible, apte aux besoins,
Aux tics, aux chics qu'il faut, le linge, mal terrible
D'empois et d'amidon, le plus fréquent possible,
Et souple et frais autour du corps dispos aussi,
Voilà pour le costume, et quant à l'art, voici :

L'art tout d'abord doit être et paraître sincère
Et clair, absolument : c'est la loi nécessaire
Et dure, n'est-ce pas, les jeunes, mais la loi ;
Car le public, non le premier venu, mais moi,
Mais mes pairs et moi, par exemple, vieux complices,
Nous, promoteurs de vos, de nos pauvres malices,
Nous autres qu'au besoin vous sauriez bien chercher,
Le vrai, le seul Public qu'il faille raccrocher,
Le Public, pour user de ce mot ridicule,
Dorénavant il bat en retraite et recule
Devant vos trucs un peu trop niais d'aujourd'hui,
Tordu par le fou rire ou navré par l'ennui.
L'art, mes enfants, c'est d'être absolument soi-même.
Et qui m'aime me suive, et qui me suit qu'il m'aime,
Et si personne n'aime ou ne suit, allons seul
Mais traditionnel et soyons notre aïeul !
Obéissons au sang qui coule dans nos veines
Et qui ne peut broncher en conjectures vaines,
Flux de verve gauloise et flot d'aplomb romain
Avec, puisqu'un peu Franc, de bon limon germain.
Moyennant cette allure et par cette assurance
Il pourra bien germer des artistes en France.
Mais, plus de vos fioritures, bons petits,

Ni de ce pessimisme et ni du cliquetis
De ce ricanement comme d'armes faussées,
Et ni de ce scepticisme en sottes fusées;
Autrement c'est la mort et je vous le prédis
De ma voix de bonhomme, encore un peu, Jadis.
Foin d'un art qui blasphème et fi d'un art qui pose,
Et vive un vers *bien* simple, autrement, c'est la prose.
La Simplicité, — c'est d'ailleurs l'*avis rara*, —
Ô la Simplicité, tout-puissant qui l'aura
Véritable, au service, en outre, de la Vie.
Elle vous rend bon, franc, vous demi-déifie,
Que dis-je? elle vous déifie en Jésus-Christ
Par l'opération du même Saint-Esprit
Et l'humblesse sans nom de son Eucharistie,
Sur les siècles épand l'ordre et la sympathie,
Règne avec la candeur et lutte par la foi,
Mais la foi tout de go, sans peur et sans émoi
Ni de ces grands raffinements des exégètes.

Elle trempe les cœurs, rassérène les têtes,
Enfante la vertu, met en fuite le mal
Et fixerait le monde en son état normal,
N'était la Liberté que Dieu dispense aux âmes
Et dont, le premier homme et nous, nous abusâmes
Jusqu'aux tristes excès où nous nous épuisons
Dans des complexités comme autant de prisons.

Et puis, c'est l'unité désirable et suprême.
On vit simple, comme on naît simple, comme on aime
Quand on aime vraiment et fort, et comme on hait
Et comme l'on pardonne, au bout, lorsque l'on est
Purement, nettement simple et l'on meurt de même,
Comme on naît, comme on vit, comme on hait, comme
[on aime!

Car aimer c'est l'Alpha, fils, et c'est l'Oméga
Des simples que le Dieu simple et bon délégua
Pour témoigner de lui sur cette sombre terre
En attendant leur vol calme dans sa lumière.

Oui, d'être absolument soi-même, absolument!
D'être un brave homme épris de vivre, et réclamant
Sa place à toi, juste soleil de tout le monde,
Sans plus se soucier, naïveté profonde!
De ce tiers, l'apparat, que du fracas, ce quart,
Pour le costume, dans la vie et quant à l'art;
Dédaigneux au superlatif de la réclame,
Un digne homme amoureux et frère de la Femme,
Élevant ses enfants pour ici-bas et pour
Leur lot gagné dûment en le meilleur Séjour,
Fervent de la patrie et doux aux misérables,
Fier pourtant, partant, aux refus inexorables
Devant les préjugés et la banalité
Assumant à l'envi ce masque dégoûté
Qui rompt la patience et provoque la claque
Et, pour un peu, ferait défoncer la baraque!
Rude à l'orgueil tout en pitoyant l'orgueilleux,
Mais dur au fat et l'écrasant d'un mot joyeux
S'il juge toutefois qu'il en vaille la peine
Et que sa nullité soit digne de l'aubaine.

Oui, d'être et de mourir loin d'un siècle gourmé
Dans la franchise, ô vivre et mourir enfermé,
Et s'il nous faut, par surcroît, de posthumes socles,
Gloire au poète pur en ces jours de monocles!


## XIX

La neige à travers la brume
Tombe et tapisse sans bruit
Le chemin creux qui conduit
À l'église où l'on allume
Pour la messe de minuit.

Londres sombre flambe et fume :
Ô la chère qui s'y cuit
Et la boisson qui s'ensuit!
C'est Christmas et sa coutume
De minuit jusqu'à minuit.

Sur la plume et le bitume,
Paris bruit et jouit.
Ripaille et Plaisant Déduit
Sur le bitume et la plume
S'exaspèrent dès minuit.

Le malade en l'amertume
De l'hospice où le poursuit
Un espoir toujours détruit
S'épouvante et se consume
Dans le noir d'un long minuit...

La cloche au son clair d'enclume
Dans la tour fine qui luit,
Loin du péché qui nous nuit,
Nous appelle en grand costume
À la messe de minuit.


## XX

### I

Je voudrais, si ma vie était encore à faire,
Qu'une femme très calme habitât avec moi,
Plus jeune de dix ans, qui portât sans émoi
La moitié d'une vie au fond plutôt sévère.

Notre cœur à tous deux, dans ce château de verre,
Notre regard commun, franchise et bonne foi,

Un et double, dirait comme en soi-même : Voi!
Et répondrait comme à soi-même : Persévère!

Elle se tiendrait à sa place, mienne aussi,
Nous serions en ceci le couple réussi
Que l'inégalité, parbleu! des caractères

Ne saurait empêcher l'équilibre qu'il faut,
Ce point étant compris d'esprits en somme austères
Qu'au fond et qu'en tout cas l'indulgence prévaut.

## II

L'indulgence qui n'est pas de l'indifférence
Et qui n'est pas non plus de la faiblesse, ni
De la paresse pour un devoir défini,
Monitoire au plaisir, bénin à la souffrance.

Non plus le scepticisme et ni préjugé rance
Et ni la chair honnie et ni l'ennui banni,
Mais grand'délicatesse et bel accord béni,
Toute mansuétude et comme vieille France.

Nous serions une mer en deux fleuves puissants
Où le Bonheur et le Malheur, têtes de flotte,
Nous passeraient sans heurts, montés par le Bon Sens,

Ubiquiste équipage, ubiquiste pilote,
Ubiquiste amiral sous ton sûr pavillon,
Amitié, non plus sous le vôtre, Amour brouillon.

## III

L'amitié! Mais entre homme et femme elle est divine
Elle n'empêche rien, aussi bien, des rapports
Nécessaires, et sous les mieux séants dehors
Abrite les secrets aimables qu'on devine.

Nous mettrions chacun du nôtre, elle très fine,
Moi plus naïf, et bien réglés en chers efforts,
Lesdits rapports dès lors si joyeux sans remords
Dans la simplesse ovine et la raison bovine.

Si le bonheur était d'ici, ce le serait!
Puis nous nous en irions sans l'ombre d'un regret,
La conscience en paix et de l'espoir plein l'âme,

Comme les bons époux d'il n'y a pas longtemps,
Quand l'un et l'autre d'être heureux étaient contents
Qui vivaient, sans le trop chanter, l'épithalame.


## XXI


Ô, j'ai froid d'un froid de glace,
Ô je brûle à toute place!

Mes os vont se cariant,
Mes blessures vont criant;

Mes ennemis pleins de joie
Ont fait de moi quelle proie!

Mon cœur, ma tête et mes reins
Souffrent de maux souverains.

Tout me fuit, adieu ma gloire!
Est-ce donc le Purgatoire?

Ou si c'est l'Enfer, ce lieu
Ne me parlant plus de Dieu?

— L'indignité de ton sort
Est le plaisir d'un plus Fort,

D'un plus Juste et plus Habile
Que ce toi-même débile.

Tu souffres tel mal profond
Que des Volontés te font,

Plus bénignes que la tienne
Si mal et si peu chrétienne.

Tes humiliations
Sont des bénédictions;

Et ces mornes sécheresses
Où tu te désintéresses,

De purs avertissements
Descendus de cieux aimants.

Tes ennemis sont les anges,
Moins cruels et moins étranges

Que bons inconsciemment,
D'un Seigneur rude et clément.

Aime tes croix et tes plaies,
Il est saint que tu les aies.

Face aux terribles courroux,
Bénis et tombe à genoux.

Fer qui coupe et voix qui tance,
C'est la bonne Pénitence.

Sous la glace et dans le feu
Tu retrouveras ton Dieu.

## XXII

Un scrupule qui m'a l'air sot comme un péché
Argumente.

　　　　Dieu vit au sein d'un cœur caché,
Non d'un esprit épars, en milliers de pages,
En millions de mots hardis comme des pages,
À tous les vents du ciel ou plutôt de l'enfer,
Et d'un scandale tel précisément tout fier !
Il faut, pour plaire à Dieu, pour apaiser sa droite,
Suivre le long sentier, gravir la pente étroite,
Sans un soupir de trop, fût-il mélodieux,
Sans un geste en surplus, même agréable aux yeux,
Laisser à d'autres l'art et la littérature,
Et ne vivre que juste à même la nature.
Tu pratiquais jadis et naguère ces us,
Content de reposer à l'ombre de Jésus,
Y pansant de vin, d'huile et de lin tes blessures :
Et maintenant, ingrat à la Croix, tu t'assures
En la gloire profane et le renom païen,
Comme si tout cela n'était pas trois fois rien,
Comme si tel beau vers, telle phrase sonore,
Chantait mieux qu'un grillon, brillait plus qu'un fulgore.
Va, risque ton salut, ton salut racheté
Un temps, par une vie autre, c'est vérité,
Que celle de tes ans primes, enfance molle,
Age pubère fou, jeunesse molle et folle.
Risque ton âme, objet de tes soins d'autrefois,
Pour quels triomphes vains sur quels banals pavois !
Malheureux !

　　　　Je réponds, avec raison, je pense :

— Je n'attends, je ne veux pas d'autre récompense
À ce mien grand effort d'écrire de mon mieux,
Que l'amitié du jeune et l'estime du vieux
Lettré, qui sont au fond les seules belles âmes.
Car où prendre un public en ces foules infâmes
D'idiotie en haut et folles par en bas ?
Ou, — le trouver ou pas, le mériter ou pas,
Le conserver ou pas ! — l'assentiment d'un être
Simple, naïf et bon, sans même le connaître
Que par ce seul lien comme immatériel.
C'est tout mon attentat au seul devoir réel,
Essentiel : gagner le ciel par les mérites.
Et je doute, Jésus pieux, que tu t'irrites
Pour quelque doux rimeur chantant ta gloire ou bien
Étalant ses péchés au pilori chrétien;
Tu ne suscites pas l'aspic et la couleuvre
Contre un poème ou contre un poète, Ton œuvre,
Consolant les ennuis de ce morne séjour
Par un concert de foi, d'espérance et d'amour;
Puis ne me fis-tu pas, avec le don de vivre,
Le don aussi, sans quoi je meurs ! de faire un livre,
Une œuvre où s'attestât toute ma quantité,
Toute ! Bien, mal : — la force et l'orgueil révolté
Des sens, et leur colère encor qui sont la même
Luxure au fond et bien la faiblesse suprême,
Et la mysticité, l'amour d'aller au ciel
Par le seul graduel du juste graduel,
Douceur et charité, seule toute-puissance.
Tu m'as donné ce don, et par reconnaissance
J'en use librement, qu'on me blâme, tant pis.
Quant à quêter les voix, quant à téter les pis
De dame Renommée, à ses heures marâtre,
Fi !
    Mais, pour en finir, leur foyer ou son âtre
Souffrent-ils de mon cas ? Quelle poutre en mon œil,
Quelle paille en votre œil de ce fait ? De quel deuil,
De quel scandale vers ou proses sont-ils cause
Dont cela vaille un peu la peine qu'on en cause ?

# XXIII

Après le départ des cloches
Au milieu du GLORIA,

Dès l'heure ordinaire des vêpres
On consacre les Saintes Huiles
Qu'escorte ensuite un long cortège
De pontifes et de lévites.
    Il pluvine, il neigeotte,
    L'hiver vide sa hotte.

Le tabernacle bâille, vide,
L'autel, tout nu, n'a plus de cierges,
De grands draps noirs pendent aux grilles,
Les orgues saintes sont muettes.
    Du brouillard danse à même
    Le ciel encore blême.

On dispense à flots l'eau bénite,
Toutes cires sont allumées,
Et de solennelle musique
S'enfle au chœur et monte au jubé.
    Un clair soleil qui grise
    Réchauffe l'âpre bise.

    GLORIA! Voici les cloches
    Revenir! ALLELUIA!

# XXIV

L'ennui de vivre avec les gens et dans les choses
Fait souvent ma parole et mon regard moroses.

Mais d'avoir conscience et souci d'un tel cas
Exhausse ma tristesse, ennoblit mon tracas.

Alors mon discours chante et mes yeux de sourire
Où la divine certitude vient de luire.

Et la divine patience met son sel
Dans mon long bon conseil d'usage universel.

Car non pas tout à fait par un effet de l'âge
À mes heures je suis une façon de sage,

Presque un sage sans trop d'emphase ou d'embarras,
Répandant quelque bien et faisant des ingrats.

Or néanmoins la vie et son morne problème
Rendent parfois ma voix maussade et mon front blême.

De ces tentations je me sauve à nouveau
En des moralités juste à mon seul niveau

Et c'est d'un examen méthodique et sévère,
Dieu qui sondez les reins! que je me considère,

Scrutant mes moindres torts et jusques aux derniers,
Tel un juge interroge à fond des prisonniers.

Je poursuis à ce point l'humeur de mon scrupule
Que des gens ont parlé qui m'ont dit ridicule.

N'importe! en ces moments — est-ce d'humilité?
Je me semble béni de quelque charité,

De quelque loyauté, pour parler en pauvre homme,
De quelque encore charité. — Folie en somme!

Nous ne sommes rien. Dieu, c'est tout. Dieu nous créa,
Dieu nous sauve. Voilà! Voici mon aléa :

Prier obstinément. Plonger dans la prière,
C'est se tremper aux flots d'un bonne rivière,

C'est faire de son être un parfait instrument
Pour combattre le mal et courber l'élément.

Prier intensément. Rester dans la prière,
C'est s'armer pour l'élan et s'assurer derrière.

C'est de paraître doux et ferme pour autrui
Conformément à ce qu'on se rend envers lui.

La prière nous sauve après nous faire vivre,
Elle est le gage sûr et le mot qui délivre,

Elle est l'ange et la dame, elle est la grande sœur
Pleine d'amour sévère et de forte douceur.

La prière a des pieds légers comme des ailes
Et des ailes pour que ses pieds volent comme elles;

La prière est sagace, elle pense, elle voit,
Scrute, interroge, doute, examine, enfin croit.

Elle ne peut nier, étant par excellence
La crainte salutaire et l'effort en silence.

Elle est universelle et sanglote ou sourit,
Vole avec le génie et court avec l'esprit.

Elle est ésotérique ou bégaie, enfantine.
Sa langue est indifféremment grecque ou latine,

Ou vulgaire, ou patoise, argotique s'il faut!
Car souvent plus elle est en bas, mieux elle vaut.

Je me dis tout cela, je voudrais bien le faire.
Ô Seigneur, donnez-moi de m'élever de terre

En l'humble vœu que seul peut former un enfant
Vers votre volonté d'après comme d'avant

Telle action quelconque en tel temps de ma vie,
Et que cette action quelconque soit suivie

D'un abandon complet en vous que formulât
Le plus simple et le plus ponctuel postulat,

Juste pour la nécessité quotidienne
En attendant ton jour sans fin, ma mort chrétienne.


## XXV

*À Monsieur Borély.*


Vous m'avez demandé quelques vers sur « Amour »,
Ce mien livre, d'émoi cruel et de détresse,
Déjà loin dans mon Œuvre étrange qui se presse
Et dévale, flot plus amer de jour en jour.

Qu'en dire, sinon : « Poor Yorick! » ou mieux « Poor
Lelian! » et pauvre âme à tout faire, faiblesse,
Mollesse par des fois, et caresse et paresse,
Ou tout à coup partie en guerre comme pour

Tout casser d'un passé si pur, si chastement
Ordonné par la beauté des calmes pensées,
Et pour damner tant d'heures en Dieu dépensées.

Puis il revient, mon Œuvre, las d'un tel ahan,
Pénitent, et tombant à genoux, mains dressées...
Priez avec et pour le pauvre Lelian!


## XXVI

*À propos de* PARALLÈLEMENT.

Ces vers durent être faits,
Cet aveu fut nécessaire,
Témoignant d'un cœur sincère
Et tout bon ou tout mauvais.

Mauvais, oui, méchant, nenni.
La sensualité seule,
Chair folle, lombes et gueule,
Trouble son désir béni.

Beauté des corps et des yeux,
Parfums, régals, les ivresses,
Les caresses, les paresses,
Barraient seuls la route aux cieux.

Est-ce fini? Tu l'assures,
Sorte de pressentiment
D'un final apaisement,
Divin panseur de blessures,

Humain rémunérateur
Des mérites si minimes,
Arbitre des légitimes
Élans devers la hauteur

Du devoir enfin visible,
Après tout ce dur chemin,
Divine âme, cœur humain,
Céleste et terrestre cible!

Ô mon Dieu, voyez mes vœux,
Oyez mes cris de faiblesse,
Donnez-moi toute simplesse
Pour vouloir ce que je veux.

Alors seront effacées
À vos yeux inoffensés,
Avec mes torts confessés,
Ces lignes si peu pensées.


## XXVII

Or tu n'es pas vaincu, sinon par le Seigneur.

Oppose au siècle un front de courage et d'honneur.
Bande ton cœur moins faible au fond que tu ne crois.
Ne cherche, en fait d'abri, que l'ombre de la croix.
Ceins, sinon l'innocence, hélas! et la candeur,
Du moins la tempérance et du moins la pudeur,
Et dans le bon combat contre péchés et maux,
S'il faut, eh bien, emprunte à certains animaux,
Béhémot et Léviathan, prudents qu'ils sont,
Les armures pour la défensive qu'ils ont,
Puisque ton cas, pour l'offensive, est superflu;
Abdique les airs martiaux où tu t'es plu.
Laisse l'épée et te confie au bouclier :
Carapace-toi bien, comme d'un bon acier,
De discrétion fine et de fort quant-à-moi.

Puis, quand tu voudras r'attaquer, reprends la Foi!

## XXVIII

Les plus belles voix
De la Confrérie
Célèbrent le mois
Heureux de Marie.
Ô les douces voix!

Monsieur le Curé
L'a dit à la Messe :
C'est le mois sacré.
Écoutons sans cesse
Monsieur le Curé.

C'est le mois pieux,
Maternel, insigne,
L'aube des vrais cieux,
La fleur de la Vigne.
C'est le mois pieux.

Faut nous distinguer,
Faut, mesdemoiselles,
Bien dire et fuguer
Les hymnes nouvelles.
Faut nous distinguer,

Bien dire et filer
Les motets antiques,
Bien dire et couler
Les anciens cantiques,
Filer et couler.

Dieu nous bénira,
Nous et nos familles.
Marie ouïra
Les vœux de ses filles.
Dieu nous bénira.

Elle est la bonté,
C'est comme la Mère
Dans la Trinité,
La Fille et la Mère.
Elle est la bonté,

La compassion,
Sans fin et sans trêve,
L'intercession
Qu'appuie et soulève
La compassion.

Avant le salut
Chantons ses louanges,
Pendant le salut
Chantons ses louanges.
Après le salut

Chantons ses louanges.


## XXIX


L'autel bas s'orne de hautes mauves,
La chasuble blanche est toute en fleurs,
À travers les pâles vitraux jaunes
Le soleil se répand comme un fleuve;

On chante au graduel : Fi-li-a!
D'une voix si lentement joyeuse
Qu'il faudrait croire que c'est l'extase
D'à jamais voir la Reine des cieux;

Le sermon du tremblotant vicaire
Est gentil plus que par un dimanche,

Qui dit que pour s'élever dans l'air
Faut être humble et de foi cordiale;

Il ajoute, le cher vieux bonhomme,
Que la gloire ultime est réservée,
Sur tous ceux qui vivent dans la pompe,
Aux pauvres d'esprit et de monnaie;

On sort de l'église, après les vêpres,
Pour la procession si touchante
Qui a nom : du vœu de Louis Treize :
C'est le cas de prier pour la France.


## XXX


L'amour de la Patrie est le premier amour
Et le dernier amour après l'amour de Dieu.
C'est un feu qui s'allume alors que luit le jour
Où notre regard luit comme un céleste feu;

C'est le jour baptismal aux paupières divines
De l'enfant, la rumeur de l'aurore aux oreilles
Frais écloses, c'est l'air emplissant les poitrines
En fleur, l'air printanier rempli d'odeurs vermeilles.

L'enfant grandit, il sent la terre sous ses pas
Qui le porte, le berce, et, bonne, le nourrit,
Et douce, désaltère encore ses repas
D'une liqueur, délice et gloire de l'esprit.

Puis l'enfant se fait homme ou devient jeune fille
Et cependant que croît sa chair pleine de grâce,
Son âme se répand par-delà la famille
Et cherche une âme sœur, une chair qu'il enlace;

Et quand il a trouvé cette âme et cette chair,
Il naît d'autres enfants encore, fleurs de fleurs
Qui germeront aussi le jardin jeune et cher
Des générations d'ici, non pas d'ailleurs.

L'homme et la femme, ayant l'un et l'autre leur tâche,
S'en vont chacun un peu de son côté. La femme,
Gardienne du foyer tout le jour sans relâche,
La nuit garde l'honneur comme une chaste flamme;

L'homme vaque aux durs soins du dehors : les travaux,
La parole à porter, — sûre de ce qu'elle vaut, —
Sévère et probe et douce, et rude aux discours faux,
Et la nuit le ramène entre les bras qu'il faut.

Tous deux, si pacifique est leur course terrestre,
Mourront bénis de fils et vieux dans la patrie;
Mais que le noir démon, la Guerre, essore l'œstre,
Que l'air natal s'empourpre aux reflets de tuerie,

Que l'étranger mette son pied sur le vieux sol
Nourricier, — imitant les peuples de tous bords,
Saragosse, Moscou, le Russe, l'Espagnol,
La France de Quatre-vingt-treize, l'homme alors,

Magnifié soudain, à son œuvre se hausse
Et tragique et classique et très fort et très calme,
Lutte pour sa maison ou combat pour sa fosse,
Meurt en pensant aux siens ou leur conquiert la palme.

S'il survit, il reprend le train de tous les jours,
Élève ses enfants dans la crainte du Dieu
Des ancêtres et va refleurir ses amours
Aux flancs de l'épousée éprise du fier jeu.

L'âge mûr est celui des sévères pensées,
Des espoirs soucieux, des amitiés jalouses.
C'est l'heure aussi des justes haines amassées,
Et quand, sur la place publique, habits et blouses,

Les citoyens discords dans d'honnêtes combats
(Et combien douloureux à leur fraternité!)
S'arrachent les devoirs et les droits, ô non pas
Pour le lucre, mais pour une stricte équité,

Il prend parti, pleurant de tuer, mais terrible
Et tuant sans merci, comme en d'autres batailles,
Le sang autour de lui giclant comme d'un crible,
Une atroce fureur, pourtant sainte, aux entrailles.

Tué, son nom, célèbre ou non, reste honoré.
Proscrit ou non, il meurt heureux, dans tous les cas,
D'avoir voué sa vie et tout au Lieu Sacré
Qui le fit homme et tout, de joyeux petit gas.

Sa veuve et ses petits garderont sa mémoire,
La terre sera douce à cet enfant fidèle,
Où le vent pur de la Patrie, en plis de gloire,
Frissonnera comme un drapeau tout fleurant d'elle.

Mais quoi donc, le poète, à moins d'être un chrétien,
— Le chrétien se fait tel que Jésus dit qu'il soit —
Comment en ces temps-ci ce très fier peut-il bien
Aimer la France ainsi qu'il doit comme il la voit,

Dépravée, insensée, une fille, une folle
Déchirant de ses mains la pudeur des aïeules
Et l'honneur ataval et, l'antique parole,
La parlant en argot pour des sottises seules,

L'amour, l'évaporant en homicides vils
D'où quelque pâle enfant, rare fantôme, sort,
Son Dieu, le reniant pour quels crimes civils!
Prête à mourir d'ailleurs de quelle lâche mort!

Lui-même, que Dieu voit être un pur patriote,
L'affamant aujourd'hui, le proscrivant naguère,
Pour n'avoir pas voulu boire comme un ilote
Le gros vin du scandale au verre du vulgaire,

Le dénonçant aux sots pires que les méchants,
Bourreaux mesquins, non moins d'ailleurs que tels
                                        [méchants,
Pires que tous, à cause, ô honte! que ses chants
Faisaient honte à plusieurs à cause de leurs chants,

Enfin, méconnaissant et l'heure et le génie
Jusqu'à ce péché noir entre tous ceux de l'homme,
Jusqu'à ce plongeon dans toute l'ignominie
D'insulter l'ange comme en l'unique Sodome!

Mais le poète est un chrétien qui dit : « Non pas! »
À ces comme velléités d'être tenté
Vers les déclamations par la Pauvreté,
Et d'elles dans l'horreur du premier mauvais pas.

« Non pas! » puis s'adressant à la Vierge Marie :
« Ô vous, reine de France et de toute la terre,
Vous qui fidèlement gardez notre patrie
Depuis les premiers temps jusqu'à cette heure austère

Où chacun a besoin du courage de dix
S'il veut garder sa foi par ces pertes de fois,
La pratiquer tout simplement, ainsi jadis,
Puis y mourir tout simplement, comme autrefois!

Depuis les Notre-Dame au-dessus des ancêtres
Profilant leur prière immense et solennelle
Jusqu'aux mois de Marie, échos des soirs champêtres,
Sourire de l'Église aux cœurs vierges en elle,

Depuis que votre culte intronisait nos rois,
Depuis que notre sang teignait votre pennon
Jusqu'au jour où quel Dogme, à travers tant d'effrois,
Ajoutait quel honneur encore à votre nom,

Vous qui, multipliant miracles et promesses,
De la Sainte-Chandelle à la Salette et Lourdes,

Daignez faire chez nous éclore des prouesses
Même en ces temps d'horreurs d'État louches et sourdes,

Mère, sauvez la France, intercédez pour nous,
Donnez-nous la foi vive et surtout l'humble foi,
Que l'âme de tous nos aïeux brûle en nous tous
Pour la vie et la mort, au foyer, dans la loi,

Dans le lit conjugal, sur la couche dernière,
Simple et forte et sincère et bellement naïve
Pour qu'en les chocs prévus, virils à sa manière
Qui fut la bonne quand elle dut être active,

Si Dieu nous veut vaincus, du moins nous le soyons
En exemple, lavant hier par aujourd'hui
Et faits, après l'horreur, l'honneur des nations,
Et s'il nous veut vainqueurs nous le soyons pour lui. »

## XXXI

Immédiatement après le salut somptueux,
Le luminaire éteint moins les seuls cierges liturgiques,
Les psaumes pour les morts sont dits sur un mode mineur
Par les clercs et le peuple saisi de mélancolie.

Un glas lent se répand des clochers de la cathédrale
Répondu par tous les campaniles du diocèse
Et plane et pleure sur les villes et sur la campagne
Dans la nuit tôt venue en la saison arriérée.

Chacun s'en fut coucher reconduit par la voix dolente
Et douce à l'infini de l'airain commémoratoire
Qui va bercer le sommeil un peu triste des vivants
Du souvenir des décédés de toutes les paroisses.

## XXXII

La cathédrale est majestueuse
Que j'imagine en pleine campagne
Sur quelque affluent de quelque Meuse
Non loin de l'Océan qu'il regagne,

L'Océan pas vu que je devine
Par l'air chargé de sels et d'arômes.
La croix est d'or dans la nuit divine
D'entre l'envol des tours et des dômes.

Des angélus font aux campaniles
Une couronne d'argent qui chante.
De blancs hiboux, aux longs cris graciles,
Tournent sans fin de sorte charmante.

Des processions jeunes et claires
Vont et viennent de porches sans nombre,
Soie et perles de vivants rosaires,
Rogations pour de chers fruits d'ombre.

Ce n'est pas un rêve ni la vie,
C'est ma belle et ma chaste pensée,
Si vous voulez, ma philosophie,
Ma mort bien mienne ainsi déguisée.

## XXXIII

Voix de Gabriel
Chez l'humble Marie,

Cloches de Noël
Dans la nuit fleurie,
Siècles, célébrez
Mes sens délivrés.

Martyrs, troupe blanche,
Et les confesseurs,
Fruits d'or de la branche,
Vous, frères et sœurs,
Vierges dans la gloire,
Chantez ma victoire.

Les Saints ignorés,
Vertus qu'on méprise,
Qui nous sauverez
Par votre entremise,
Priez, que la foi
Demeure humble en moi.

Pécheurs, par le monde,
Qui vous repentez
Dans l'ardeur profonde
D'être rachetés,
Or je vous contemple,
Donnez-moi l'exemple.

Nature, animaux,
Eaux, plantes et pierres,
Vos simples travaux
Sont d'humbles prières.
Vous obéissez :
Pour Dieu, c'est assez.

DOSSIER

# REPÈRES BIOGRAPHIQUES

*1798.* Naissance de Nicolas Verlaine, père du poète, à Bertrix (Luxembourg belge).

*1809.* Naissance d'Élisa Dehée, mère du poète, à Fampoux, près d'Arras.

*1831.* Mariage des parents du poète. Le père est devenu officier du génie.

*1836.* Naissance d'Élisa Moncomble, cousine de Verlaine, premier et grand amour.

*1844. 30 mars.* Naissance de Paul-Marie Verlaine, qui demeurera enfant unique. Enfance heureuse et gâtée.

*1845-1849.* Séjours dans le Languedoc.

*1851.* Le capitaine Verlaine, sur un coup de tête, quitte la carrière militaire.

*1853.* Naissance de Mathilde Mauté, future femme de Verlaine.

*1853-1862.* Verlaine à l'Institution Landry, puis au Lycée Bonaparte (Condorcet). Pieuse première communion.

*1854.* Naissance de Jean-Arthur Rimbaud.

*1858.* Premiers vers, « genre obscèno-macabre ». Envoi à Victor Hugo d'un poème, *La Mort*.

*1860-1861.* Lecture des *Fleurs du Mal,* et des *Cariatides* de Banville.

*1862.* Baccalauréat. Vacances dans le Nord, et particulièrement à Lécluse, auprès de la cousine Élisa, qui a fait un mariage de convenance. Promenades sentimentales et lectures.

*1863-1864.* Premier poème imprimé, « Monsieur Prudhomme », dans *La Revue du Progrès moral* de L.-X. de Ricard. Verlaine hante le salon des Ricard : milieu parnassien et libéral. Il fréquente assidûment les Concerts Pasdeloup.

*1864.* Employé peu assidu d'une compagnie d'assurances, puis expéditionnaire dans les bureaux de la Ville de Paris. Durant ces années, fringale de lectures : dramaturges étrangers, romanciers, poètes romantiques et parnassiens, mais aussi

ouvrages touchant aux questions mystiques : *Port-Royal*
de Sainte-Beuve, et une *Vie de sainte Thérèse d'Avila.*

*1865.* Lectures ferventes, en été, de Leconte de Lisle, et de l'épo-
pée hindoue *Le Ramayana.* Collaboration à *L'Art,* où
paraissent notamment, à la fin de l'année, les deux vrais
« premiers poèmes saturniens » et une enthousiaste étude
sur Baudelaire, remarquée par le poète vieillissant. Mort du
père.

*1866.* Huit poèmes dans la première série du *Parnasse contempo-
rain.*
*Novembre.* Les *Poèmes saturniens* (505 ex. publiés à compte
d'auteur, et financés par Élisa). L'œuvre est remarquée, et
discutée. Verlaine, avec Villiers de l'Isle-Adam, fréquente
le salon de la cantatrice Augusta Holmès.

*1867.* Loin de Verlaine, mort subite d'Élisa, qui le désespérera,
et hantera souvent ses rêves.
*Août-septembre.* Visite à Victor Hugo à Bruxelles. Obsèques
de Baudelaire.
*Fin décembre.* Édition clandestine, sous un pseudonyme, de *Les
Amies, scènes d'amour sapphiques,* condamnée l'année suivante
à la destruction par le tribunal de Lille.

*1867-1868.* Soirées brillantes et folles chez Nina de Villard, dans
une atmosphère artiste de « fêtes galantes ». Double aspira-
tion psychologique, en symphonie concertante : poèmes
d'évasion (en particulier les toutes premières « fêtes galan-
tes »), et poèmes d'inspiration romantique et anti-bour-
geoise : notamment « Les Poëtes » et « Les Loups ».

*1869.* Collaboration littéraire avec un ancien condisciple, Lucien
Viotti, pour qui Verlaine a une tendre affection, et qu'il
fréquente assidûment. Premiers poèmes de la future *Bonne
Chanson.* En juin, fiançailles officieuses avec Mathilde
Mauté. Les *Fêtes galantes* (360 ex.) paraissent en juillet.

*1870.* *Été.* La *Bonne Chanson* (590 ex.), escamotée par la guerre
franco-allemande. Mariage de Verlaine le 11 août. Lucien
Viotti, qui s'est engagé, est tué à la fin de l'automne.

*1871.* Siège de Paris. Verlaine garde national nonchalant et
buveur. Rallié à la Commune, il est nommé chef du bureau
de la Presse. A la victoire de Thiers, fuyant la répression,
il se cache à la campagne, chez des parents. Il cherchera
vainement plus tard à être réintégré dans l'administration.
Deuxième série du *Parnasse contemporain,* retardée par la
guerre : six poèmes.
*Septembre-octobre.* Lettre enthousiaste de Rimbaud, admirateur
des *Fêtes galantes,* et invitation de Verlaine. Causeries et
rôderies sans fin dans Paris, loin du ménage...
*30 octobre.* Naissance de Georges, fils de Verlaine.

*1872.* *Janvier-février.* Mésentente conjugale croissante. Demande en séparation contre Verlaine, qui se résigne à faire semblant de renier provisoirement Rimbaud, avec qui il s'affichait.

*Mars-mai.* Lettre d'adoration masochiste à Rimbaud dans son « exil » loin de Paris. Dès son retour, Rimbaud châtie son amant de plusieurs coups de couteau.

*Juillet.* Verlaine, sommé par Rimbaud de choisir, part brusquement pour la Belgique avec lui. Mathilde les retrouve deux semaines plus tard à Bruxelles, mais ne réussit pas à reconquérir son mari, ébranlé, qui la quitte soudain à la frontière française. Verlaine et Rimbaud voyagent « vertigineusement » en Belgique, puis se fixent à Londres. Certaines « romances sans paroles » sublimeront les étapes. M$^{me}$ Verlaine mère fera ultérieurement plusieurs voyages infructueux, en Belgique, puis à Londres pour « raisonner » son fils.

*Fin novembre.* Malentendus, puis premier craquement grave : Rimbaud prend le large et ne revient à Londres qu'en janvier 1873, sur un appel pressant de son ami malade.

*1873.* Voyages, puis nouveau séjour à Londres au printemps. Discussions sur la philosophie de la « vraie vie » et dissensions humaines. Dèche croissante. Verlaine essaie à la fois de se renouveler et de se rehausser aux yeux de son ami. Il met en ordre les futures *Romances sans paroles*.

*3 juillet.* Après une scène odieuse de Rimbaud, Verlaine le quitte dans une flambée de colère et regagne la Belgique. Il parle de suicide. Sa mère accourt de nouveau auprès de lui, puis Rimbaud qui, sans un sou, a écrit des lettres suppliantes. Il ne pardonnera pas à Verlaine cette humiliation.

*10 juillet.* Rimbaud se révélant implacablement décidé à quitter son ennuyeux ami et à poursuivre sa « mission », Verlaine le blesse légèrement au poignet d'un coup de revolver. Pansé et accompagné sur le chemin de la Gare du Midi par Verlaine qui le harcèle toujours, Rimbaud prend peur devant un geste de Verlaine, et se jette dans les bras d'un sergent de ville… Verlaine est arrêté, mis au violon, puis transféré le lendemain à la prison des Petits-Carmes où, à peine remis de son effondrement, il tente de sublimer en poésie ses impressions, ses souvenirs et ses rêves : dix-neuf poèmes, dont les « récits diaboliques », et plusieurs poèmes du futur *Sagesse*, seront ainsi composés de juillet à octobre.

*8 août.* Bien que Rimbaud ait renoncé à porter plainte, Verlaine est condamné à deux ans de prison et 200 francs d'amende.

*25 octobre.* Verlaine est transféré à la prison de Mons. Il se partage entre la monotonie du travail réglementaire, les lectures et les méditations poétiques.

*Novembre.* Verlaine reçoit les premières épreuves des

*Romances sans paroles,* imprimées à Sens par les soins de son ami Lepelletier. La conception d'un recueil poétique intitulé *Cellulairement* se précise en lui.

*1874. Mars.* Verlaine reçoit les exemplaires d'auteur des *Romances sans paroles* (600 ex.) éditées à compte d'auteur. Il en fait parvenir un à Rimbaud. Aucune réponse au service de presse fait par Lepelletier. Il est devenu un paria.

*Avril.* Communication du jugement de séparation prononcé contre Verlaine, qui s'effondre.

*Avril-août.* Illumination mystique et étapes rapides d'une conversion. Verlaine communie le 15 août, fête de l'Assomption de la Vierge Marie, à laquelle il avait été voué par sa mère.

*1875. 16 janvier.* Verlaine sort de prison.

*Février.* Vaines tentatives de rapprochement avec Mathilde, puis avec Rimbaud, qu'il relance jusqu'à Stuttgart, et avec qui il se bat sauvagement.

*Fin mars.* Professeur de classes élémentaires à Stickney. Entrevision de Germain Nouveau à Londres. Des poèmes pour la troisième série du *Parnasse contemporain* sont refusés avec mépris.

*1876. Septembre.* Verlaine professeur à Bournemouth jusqu'en septembre 1877.

*1877-1879.* Professeur à l'institution Notre-Dame à Rethel. Attachement passionné pour un de ses élèves, Lucien Létinois.

*1879. Août-décembre.* Après avoir été doucement évincé de Rethel, Verlaine regagne l'Angleterre avec Létinois. Il enseigne à Lymington jusqu'à Noël, puis retourne en France, toujours avec Létinois.

*1880.* Tentative de retour à la nature : Verlaine achète à Juniville, près de Rethel, une ferme pour Lucien Létinois. Intermède comme surveillant général à Reims, où Lucien fait son volontariat.

*Décembre. Sagesse* paraît (500 ex. à compte d'auteur).

*1881.* Suite de l'étrange expérience rurale, qui fait lentement faillite.

*1882.* Vente à perte de la ferme.

*Été.* Verlaine regagne Paris et cherche à reprendre une seconde vie littéraire. Il se fait surveillant de collège à Boulogne, pour rester près de Létinois.

*10 novembre.* Publication de l' « Art poétique », conçu en prison.

*1883. 7 avril.* Lucien Létinois meurt d'une typhoïde à l'hôpital. Verlaine retourne vivre avec sa mère. Il songe dès lors à son futur recueil : *Amour.*

*Mai.* Publication du poème « Langueur », qui inspirera

à la fois l'École « décadente » et le jeune Maurice Barrès.
*Septembre.* Verlaine s'installe avec sa mère à Coulommes,
dans une maison rustique achetée aux parents de Létinois.
Il y mène une existence crapuleuse et orgiaque.

*1884. Avril. Les Poètes maudits* (253 ex.). Nombreux poèmes publiés
dans des revues. Double vie.

*1885. Janvier. Jadis et Naguère* (500 ex.).
*Février-mai.* Conversion de la séparation de corps en divorce :
Verlaine condamné à payer une pension alimentaire de
1 200 francs. Il s'évade dans l'ivresse et les exploits sexuels.
Emprisonné en *mars* pour coups et blessures à sa mère,
à un an de prison, il est cependant relâché au milieu de *mai*.
Sans fortune désormais, il s'installe à Paris avec sa mère
dans un très modeste hôtel.
*Septembre-novembre.* Hydarthrose du genou. Première hos-
pitalisation(?) suivie de multiples séjours dans les hôpitaux
jusqu'en 1895. L'hôpital devient un refuge ou un quartier
d'hiver. Premières biographies consacrées aux *Hommes
d'aujourd'hui.*

*1886. 21 janvier.* Mort de la mère de Verlaine, qui, séparé de son
propre fils, est désormais seul au monde. Il fait alors la
connaissance du peintre et dessinateur Cazals, à qui il
s'attache, et auquel le liera pendant plusieurs années une
amitié passionnée. Cazals fera de multiples portraits de
Verlaine.
*Octobre. Louise Leclercq* (trois nouvelles et une saynète);
essais d'autobiographie transfigurée.
*Novembre. Mémoires d'un veuf.*

*1887.* Plus de dix mois à l'hôpital. Verlaine commence l'orches-
tration de son futur recueil : *Bonheur.*

*1888.* Verlaine s'est reconstitué un foyer à l'hôtel : il y tient salon
hebdomadairement. Consécration : un livre lui est pour la
première fois consacré, par le poète et critique Charles
Morice. Verlaine y compte beaucoup pour le succès d'*Amour.*
*Mars. Amour* (651 ex.).
*Août.* Nouvelle édition, augmentée, des *Poètes maudits.*

*1889. Mai.* Deuxième édition, augmentée, de *Sagesse.*
*Juin.* Publication de *Parallèlement* (600 ex.). Verlaine fait de
Cazals son héritier.
*Août-septembre.* Cure à Aix-les-Bains. Premier « bilan »
de *Bonheur.* Renouveau chrétien.

*1890. Mars.* Importante préface (finalement non recueillie en
volume) pour la réimpression, la même année, des *Poèmes
saturniens.*
*Décembre. Dédicaces* (350 ex. édités par souscription). *Fem-
mes* (hors-commerce à Bruxelles, 175 ex.).

*1891. Mai. Bonheur.* La troupe du Théâtre d'Art donne une représentation de la pièce *Les Uns et les Autres,* écrite en 1870-1871, et publiée dans *Jadis et Naguère.*

*Juin. Choix de poésies,* avec un portrait par Carrière.

*Novembre-décembre. Chansons pour Elle. Mes hôpitaux.*

Verlaine, dès lors, se partage — lui et ses gains — entre deux modestes prostituées, Philomène Boudin et Eugénie Krantz.

1892. *Janvier. Chansons grises,* poésies de Verlaine avec musique de Reynaldo Hahn.

*Mars. Liturgies intimes* (375 ex.), éditées par souscription.

*Novembre.* Conférences en Hollande.

1893. *Février-mars.* Conférences en Belgique.

*Avril. Mes prisons.* Deuxième édition, augmentée, de *Liturgies intimes.*

*Mai. Élégies. Odes en son honneur.*

*Août.* Brève candidature à l'Académie française.

*Novembre-décembre.* Conférences en Lorraine, puis en Angleterre.

*Décembre. Quinze jours en Hollande* (1 050 ex.).

1894. *Mai. Dans les limbes.*

*Août.* Verlaine élu Prince des Poètes. Barrès et Montesquiou constituent un Comité de quinze personnes qui assureront à Verlaine une mensualité de 150 francs.

*Octobre.* La petite comédie, *Madame Aubin,* est représentée aux soirées du Café Procope.

*Décembre. Épigrammes* (1 050 ex.). Deuxième édition, augmentée, de *Dédicaces.*

1895. *Juin. Confessions,* avec un portrait de Verlaine par Anquetin.

*Octobre.* Préface aux *Poésies complètes* d'Arthur Rimbaud. Verlaine se met définitivement en ménage avec Eugénie Krantz au 39, rue Descartes, où il mourra.

*Noël.* Verlaine, dont la santé est délabrée, est obligé de s'aliter.

1896. *Janvier.* Le 7 Verlaine sort de sa prostration pour faire appeler un prêtre de Saint-Étienne-du-Mont auquel il se confesse, et qui déclarera plus tard : « C'était un chrétien. » Après une rémission, il tombe inanimé sur le carrelage de sa chambre. Il meurt le lendemain 8 janvier à sept heures du soir. Il est inhumé le 10 au cimetière des Batignolles. Coppée, Barrès, Mallarmé, Moréas et G. Kahn prononcent des discours d'adieux.

*Février.* Numéro spécial de *La Plume* consacré à Verlaine, et contenant *Chair (Dernières poésies)* qui paraîtra peu après en volume (1 012 ex.).

*Octobre. Invectives.*

# NOTICES ET NOTES

## SAGESSE

La première édition de *Sagesse*, tirée à 500 exemplaires à compte d'auteur, parut à la fin de 1880, éditée par la Société générale de Librairie catholique, Ancienne Maison Victor Palmé. Bruxelles Ancienne Maison Henri Goemare, en un volume in 8° de 4 + 108 pages daté de 1881. Le sournois libraire, que Huysmans nommait « un pieux saligaud », ne tarda pas à reléguer dans sa cave, « cellulairement », l'édition d'un livre dont l'auteur lui était devenu suspect de non-conformisme, réitérant ainsi le procédé dont il avait usé en 1874 avec *Un prêtre marié* de Barbey d'Aurevilly. Léon Bloy a raconté dans *Un brelan d'excommuniés* (1889) l'harassante obstination dont il fallait faire montre pour obtenir un exemplaire.

Vanier, devenu l'éditeur de Verlaine, racheta finalement le solde de la première édition avant de faire paraître sous son nom la *deuxième*, en 1889 (un vol. in 18 de 133 pages) qui comprenait deux poèmes inédits (III, xviii et xix).

En 1893 parut une *troisième édition,* officiellement ignorée par les bibliographes, bien qu'elle ait été authentiquement « revue et corrigée » par l'auteur, ainsi que l'attestent les premières épreuves, et dont d'ailleurs la plupart des éditions de Verlaine adoptent certaines variantes sans le mentionner ou sans le savoir. De cette édition, j'ai moi-même adopté deux leçons :

1° Au poème vi du Livre I, dernier vers du premier tercet, j'ai gardé, après avoir hésité, la correction de Verlaine :

Une candeur d'*âme* d'une fraîcheur délicieuse

— me refusant à priver l'auteur, que la crainte de paraître « vieux jeu » hantait alors, du divertissement malin qu'il pouvait avoir pris à introduire brusquement un vers de 14 syllabes au milieu d'alexandrins.

2° Dans le poème I, xvi, « Écoutez la chanson bien douce... »,

au premier vers de la deuxième strophe, j'ai respecté la correction
de Verlaine :

> La voix vous fut connue (et chère!)

au lieu de :       .....................(et chère?)

— nuance de constatation triomphante — au lieu de l'interroga-
tion — qui n'est pas sans intérêt.

*Page 64.*

(I, xiii) Allusion à la mort du Prince Impérial, le jeune Napo-
léon IV, né le 16 mars 1856, et tombé dans une embuscade en Zou-
louland, le 1er juin 1879, alors qu'exilé de France il servait dans
l'armée anglaise.

*Page 65.*

(I, xiv). Verlaine évoque ici l'expulsion des congrégations, et
plus particulièrement celle des Jésuites, à Paris, le 29 juin 1880.

*Page 67.*

(I, xvi). Verlaine avait un temps songé à faire de ce poème
adressé à son ex-femme le « prélude » de *Sagesse*. La lettre argo-
tique de 1878 à son ex-beau-frère Ch. de Sivry (avec lequel il
était resté en bons termes : un poème d'*Amour* lui est dédié, ainsi
qu'un de *Dédicaces*) qui accompagnait ces vers sentimentaux témoi-
gne à la fois de la « duplicité » psychologique et de la sévérité esthé-
tique de l'auteur : « T'envoie prélude à Sago. Je l'intitulerais volon-
tiers Picotin-Picota, Prêchi-Prêcha, et ça me semble, comme tout
effort parisemard, d'un bête, d'un bête! Enfin, voici cette musi-
caillerie, sans talent aucun, je le crains... ».

*Page 92.*

(III, iv). Gaspard Hauser, personnage fatal et mystérieux, fils
putatif de Stéphanie de Beauharnais, nièce de l'Impératrice José-
phine, avait été sans doute enlevé pour détourner son héritage.
Né probablement en 1812, il fut assassiné en 1833 par un ou des
inconnus. C'est en réalité son propre destin dont Verlaine schéma-
tise ici les grandes lignes sous le masque d'un personnage légen-
daire et symbolique.

*Page 101.*

(III, xvii). Version nouvelle, et souvent fort différente — telles
deux « répliques » d'un même tableau — du poème paru dans les
*Romances sans paroles*. Verlaine ayant beaucoup hésité au sujet de
ce poème, qu'il a successivement introduit dans la première édition
de *Sagesse*, puis supprimé, puis rétabli sur épreuves avant de le
retrancher à nouveau —, et les diverses éditions courantes l'ayant
d'ailleurs maintenu, nous n'avons pas voulu en priver le lecteur.

AMOUR

La plupart des poèmes dont se compose *Amour* ont paru d'abord dans diverses revues, depuis juin 1883 (« Un crucifix ») jusqu'en février 1888.

L'édition originale (in 18 de 4 + 178 pages) parut chez Vanier au printemps de 1888, tirée à 600 exemplaires, plus 50 sur Hollande. Elle était annoncée depuis 1886. Une deuxième édition, en 1892 (in 12 de 180 pages), renferme une pièce nouvelle : « Ma cousine Élisa... ». C'est sur le texte de cette édition que nous avons expressément établi la nôtre.

*Page 115.*

(« Un conte »). Verlaine utilise ici pour la deuxième fois (après le « Sonnet boiteux » de *Jadis et Naguère*) le vers de treize syllabes.

*Page 118.*

F. Poictevin, disciple symboliste des Goncourt, a écrit des romans qui sont plutôt des poèmes en prose plastique, musicale, et mystique. Verlaine, qui l'aimait beaucoup, lui a consacré une des notices des *Hommes d'aujourd'hui*.

*Page 120.*

É. Le Brun, professeur à l'École alsacienne, ami de Verlaine, lui a consacré après sa mort une étude où il cite quinze lettres du poète.

*Page 126.*

Le lecteur se souviendra que Verlaine s'adresse ici à son ex-femme, dont il se considère comme « veuf » (cf. l'œuvre en prose *Mémoires d'un veuf*, 1886). Il reviendra sur ce thème dans *Bonheur* (I-VI et XIII), parfois avec les accents de la plus parfaite haine.

*Page 130.*

Le docteur Louis Jullien était devenu le médecin attitré, et admirablement dévoué, de Verlaine, auquel il facilita mainte fois de surcroît l'admission dans divers hôpitaux. L'on connaît une quarantaine de lettres de Verlaine à son adresse.

*Page 132.*

La célèbre anarchiste et féministe Louise Michel, jadis institutrice, avait compté l'ex-femme de Verlaine parmi ses élèves, et assisté au mariage du poète. Déportée en Nouvelle-Calédonie pour sa participation à la Commune, elle avait été libérée par l'amnistie de 1880.

*Page 133.*

L'on sait que Louis II de Bavière, le roi vierge (ou homosexuel?), créateur prodigue de féeriques châteaux en Bavière, fut détrôné, arrêté par traîtrise, et interné dans un asile psychiatrique, au bord du lac de Starnberg. Humilié et privé de ses rêves, il se vengea par le suicide un après-midi de tempête de juin 1886, entraînant dans

l'eau du lac son médecin-geôlier. G. Apollinaire a plus tard évoqué ce mystérieux destin dans plusieurs strophes de « La Chanson du Mal-Aimé ». L'amour du roi pour Wagner conduit tout naturellement Verlaine à faire suivre cet hommage du poème « Parsifal », tandis que le thème du Graal dans Parsifal amène le poème suivant.
*Page 134.*

J. Tellier, poète et critique symboliste (*Nos poètes*, 1888) de grand avenir, avec qui Verlaine se sentait en profonde sympathie, mourut en 1889 de la fièvre typhoïde (comme jadis Lucien Létinois...), à l'âge de vingt-six ans. Ses *Reliques* furent éditées à tirage restreint, hors commerce, en 1890, précédées d'un *Tombeau*, par le poète R. de la Tailhède, auquel est dédié « Drapeau vrai ».
*Page 136.*

(« Gais et contents »). Ce poème, dont le titre est emprunté au refrain d'une célèbre chanson de Paulus (« En rev'nant de la R'vue ») en l'honneur du général Boulanger, qui faillit renverser la République, appartient à la veine réactionnaire et cocardière de Verlaine. Ch. Vesseron était rédacteur au journal de Charleville *Le Petit Ardennais.*
*Page 137.*

F. Langlois était un artiste ami de Verlaine qui faillit un temps détrôner Cazals dans la tendresse exclusive de Verlaine. Il a laissé un portrait du poète.
*Page 138.*

Rachilde (de son vrai nom Marguerite Eymery) était devenue alors célèbre par l'audace érotique d'un de ses romans, *Monsieur Vénus* (1884), édité à Bruxelles pour éviter la censure. Elle se maria avec Alfred Vallette, fondateur de la grande revue symboliste, *Le Mercure de France.*
*Pages 140 à 145.*

Léon Valade était un ami de jeunesse de Verlaine. Il avait déjà publié, en 1863, *Avril, Mai, Juin,* en collaboration avec Albert Mérat, quand Verlaine, en 1864, devint leur collègue dans les bureaux de la Ville de Paris. Quant à Ernest Delahaye, critique ami avec lequel Verlaine entretint une correspondance, il a laissé des Souvenirs sur Verlaine et Rimbaud. A Émile Blémont, autre poète ami, Verlaine avait gardé une vive reconnaissance pour son article bienveillant sur *Sagesse.* Le compositeur Emmanuel Chabrier était un ami de longue date, que Verlaine, très musicien, avait connu et apprécié dès 1863; Edmond Thomas un poète ardennais qui avait été élève de Verlaine à Notre-Dame de Rethel. C'est à Charles Morice qu'avait été dédié dans *Jadis et Naguère* l' « Art poétique ». Il a écrit avec pénétration le premier livre consacré à Verlaine de son vivant. Maurice du Plessys était un bon poète, aujourd'hui trop méconnu, de l'École romane.
*Page 145.*

Verlaine a toujours éprouvé beaucoup d'admiration tant pour

le caractère espagnol que pour la littérature dramatique de son « siècle d'or ». Il avait signé du pseudonyme Pablo de Herlañes son recueil de vers saphiques *Les Amies*. Dans le « Dizain mil huit cent trente » de *Jadis et Naguère*, il se voit « hablant español », et pareil à

> *Un infant scrofuleux dans un Escurial !*

Page *149*.

Le titre primitif, « Drapeau *blanc* », illustre certaines convictions capricieusement légitimistes de Verlaine, qui a longtemps travaillé à un drame assez médiocre sur Louis XVII : *Vive le Roi !*

Page *149*.

E. Raynaud, poète des *Cornes du Faune* (1890) et mémorialiste du Symbolisme, a laissé d'inappréciables souvenirs, entre autres les trois volumes de *La Mêlée symboliste* (1920-1922), suivis de précieux « Éphémérides poétiques ».

Page *150*.

A. Baju, autodidacte fervent et remuant, fut le prosélyte de l'école *décadente*, pour laquelle il fonda en 1886 la revue *Le Décadent*, et à laquelle il consacra même en 1887 un manifeste, qui eut plusieurs éditions. Après avoir tenté en vain d'annexer au socialisme le mouvement esthète et anarchisant qu'était le « décadisme » il publia en 1892 un fort curieux essai pamphlétaire intitulé *L'Anarchie littéraire*. *Le Décadent* donna, entre autres, la primeur de maints poèmes d'*Amour*. Verlaine a consacré en retour à Baju une longue notice des *Hommes d'aujourd'hui*.

Page *154*.

Sur les sentiments profonds de Verlaine envers sa cousine Élisa et la place que tiennent son souvenir ou son évocation dans l'œuvre de Verlaine, cf. J.-H. Bornecque, *Études verlainiennes*.

## BONHEUR

La plupart des poèmes de *Bonheur* ont paru dans des revues, depuis juillet 1888 jusqu'à janvier 1891. En outre, les poèmes IX et XXX avaient été publiés en 1891, presque en même temps que *Bonheur*, dans le *Choix de poésies*.

Sur les premières épreuves, chaque poème portait un titre particulier (et pas seulement un numéro); tous ont été rayés de la main de l'auteur.

L'édition originale de *Bonheur* (1 vol. in 18 de 2 ff. + 120 pages), qui comportait un tirage de luxe de 55 exemplaires sur Hollande, a paru en mai 1891.

Page *201*.

On a longtemps cru, malgré le cynisme déchirant du vers 2 ·

> *Les morts sont morts, douce leur soit l'éternité !*

que ce poème évoquait une nouvelle fois Lucien Létinois. En réalité, le vers 1 commençait primitivement ainsi :

> *Mon* Cazals, *ma plus belle amitié, ma meilleure,*

et tout le poème s'en trouve éclairé. Après avoir décliné d'être le dernier grand amour de Verlaine, le peintre et dessinateur A. Cazals fut en effet la dernière vive et confiante amitié du poète, avant que celui-ci s'adonne par prédilection à toutes les formes de sensualité. Avec Cazals, Verlaine a échangé une importante correspondance, où l'évolution spiritualiste de l'auteur d'*Amour* et de *Bonheur* est plus d'une fois évoquée. Cazals a laissé une abondante et vivante iconographie de Verlaine.

# BIBLIOGRAPHIE SOMMAIRE

VERLAINE. *Œuvres poétiques complètes* (éd. Y.-G. Le Dantec et J. Borel). Bibliothèque de la Pléiade, Gallimard, 1962.
  *Œuvres en prose complètes* (éd. J. Borel), *id.*, 1972.
  *Lettres inédites à Cazals*, publiées par G. Zayed. Droz, 1957.
A. ADAM. *Verlaine*, n. éd. Hatier, 1966.
J.-H. BORNECQUE. *Les Poèmes saturniens de Paul Verlaine*, Nizet, 1952 (éd. augmentée, 1967).
  *Lumières sur les Fêtes galantes*, Nizet, 1959 (éd. augmentée, 1969).
  *Verlaine par lui-même*, éd. du Seuil, 1966.
CL. CUÉNOT. *Le Style de Paul Verlaine*, C.D.U., 1963.
L. MORICE. *Verlaine, le drame religieux*, Beauchesne, 1946.
J.-P. RICHARD. *Poésie et profondeur*, éd. du Seuil, 1955.
G. ZAYED. *La Formation littéraire de Verlaine*, Droz-Minard, 1962.

## II

## III

*Table*                                            251

## AMOUR

# BONHEUR

*Table* 253

DOSSIER

## DU MÊME AUTEUR

*Dans la même collection*


FÊTES GALANTES. ROMANCES SANS PAROLES *précédé de* POÈMES SATURNIENS. *Édition présentée et établie par Jacques Borel.*

LA BONNE CHANSON. JADIS ET NAGUÈRE. PARALLÈLEMENT. *Édition présentée et établie par Louis Forestier.*

*Ce volume,*
*le cent onzième de la collection Poésie,*
*a été achevé d'imprimer sur les presses*
*de l'imprimerie Bussière à Saint-Amand (Cher),*
*le 3 janvier 1991.*
*Dépôt légal : janvier 1991.*
*1ᵉʳ dépôt légal dans la collection : juillet 1975.*
*Numéro d'imprimeur : 171.*
ISBN 2-07-032152-5./Imprimé en France.

51832